Inhalt

Widmung

Dieses Buch ist meiner Frau und meinen Kindern gewidmet. Die Verbundenheit mit meiner Familie bildet die Grundlage, auf der vieles in meiner Lebenserfahrung aufbaut.

Dieses Buch ist ebenfalls Patrick Flanagan und seiner Frau Gael Crystal Flanagan gewidmet. Die Hälfte der Tantiemen für dieses Buch geht ihnen zu, damit ihre Arbeit weiter vorangebracht werden kann. Das vorliegende Buch spiegelt die gemeinsamen Bemühungen unserer beiden Familien wider.

Wenn der Mensch in Frieden mit seinen Mitmenschen überleben will, so muß er ein breiteres Wissen um das Leben selbst und die Energien, die es umgeben, entwickeln. Dann kann er zu einem besseren Verständnis seines Platzes im Universum gelangen. Diesem Zweck möge dieses Buch dienen.

Vorwort von Dr. Gael Crystal Flanagan

Das Wesen wissenschaftlicher Entdeckung liegt darin zu zeigen, wie Phänomene der natürlichen Welt voneinander abhängig sind und zueinander in Wechselbeziehung stehen. Eine solch holistische Weltsicht offenbart ein Universum, das an sich dynamisch ist. Das Geflecht aus Wechselbeziehungen ist ein dynamisches Netzwerk aus Ereignissen, das den menschlichen Beobachter und sein Bewußtsein auf einzigartige und wesentliche Weise einschließt.

Einer der außergewöhnlichsten dieser menschlichen Bewußtseinsbeobachter ist mein Mann Patrick Flanagan. Ich hörte das erste Mal von ihm im Zusammenhang mit seinem Buch *Pyramid Power*. Ich war damals 24 und erforschte gemeinsam mit einem Studenten von Buckminster Fuller ausgiebig die heilige Geometrie, indem ich multidimensionale geometrische Modelle herstellte. Patricks Arbeit zu jener Zeit war eine perfekte Ergänzung meiner eigenen Forschungen.

Das nächste Mal hörte ich von Patrick Flanagans Arbeit in Zusammenhang mit seiner Theorie über die Struktur des Wassers. Zu dieser Zeit war ich Vizepräsidentin einer Firma, die sich vornehmlich auf Produkte zur Verbesserung der Trinkwasserqualität konzentrierte. Wieder ist die Synchronizität hierbei auffällig!

Jahre vergingen, und ich war Kodirektorin eines der allerersten holistischen Gesundheitszentren des Landes. Häufig erzählten mir die Leute, daß so viele unserer Kurse in der Theorie dem ähnelten, worüber Patrick Flanagan bei seinen Vorträgen über holistische Gesundheit sprach. In der Art, wie unsere theoretischen Wege sich weiterhin kreuzten, schien sich ein Muster zu entwickeln.

Anfang der achtziger Jahre, als ich auf den Bahamas lebte, hatte ich einen lebhaften Traum, der mich nachhaltig beeinflußte. Darin sah ich einen Mann an einem kleinen Tisch sitzen, der mir von einem wichtigen Ereignis erzählte, das in meinem Leben stattfinden sollte. Ich konnte mich später nicht erinnern, um welches Ereignis es dabei ging. Doch es war diese Art Traum, der einen erschüttert, der einen nicht losläßt und der seine eigene Energie mit sich zu führen scheint.

Zwei Jahre später bereitete ich mich auf eine Reise in den Südpazifik vor, als ich zufällig auf einen Prospekt stieß, in dem ein Seminar in Scottsdale in Arizona angekündigt wurde, an dem auch Patrick Flanagan teilnehmen sollte. Obwohl ich nur selten Seminare besuchte, war es gleichsam eine Eingebung, deswegen nach Arizona zu reisen. Ich erinnerte mich wieder an den Traum, der zwei Jahre zurücklag.

Als Patrick seinen Vortrag hielt, benötigte er einen Freiwilligen, und aus einem Auditorium von mehreren hundert Leuten wurde ich ausgesucht. Dieser Augenblick unseres ersten Kontaktes war ein spontanes Erkennen zweier Seelen, die sich wiedergefunden haben. Von dem Moment an wußten wir, daß wir für den Rest unseres Lebens zusammenbleiben würden.

Kurz danach reisten wir nach Ägypten. Nur alle 4.800 Jahre stehen die Sterne der Plejaden für drei Tage in einer besonderen Konstellation zur Cheops-Pyramide. Genau zu dieser Zeit bekamen wir wie durch ein Wunder eine offizielle Erlaubnis und wurden am 17. November 1983 als erstes Paar in der Geschichte in der Großen Pyramide getraut. Die Nacht des 18. November, den zweiten Tag der dreitägigen Konstellation, und die folgende Nacht verbrachten wir ebenfalls mit Sondererlaubnis in der Großen Pyramide. Die unglaublichen Erfahrungen, die wir dort erleben durften, werden wir beide nie vergessen.

Seitdem war mein Leben aufregend, turbulent und voller Entdeckungen, und dies ist bis heute so geblieben.

Patrick ist eine katalytische Mischung aus Energie, Intellekt und Herz. Er konzentriert sich mit laserartiger Intensität, wenn er eine seiner Erfindungen ins Leben ruft. Diese Entdeckerfreude begann bei ihm in sehr jungem Alter. Er wurde ständig als Wunderkind bezeichnet. Schon im Kindesalter war seine Art zu Denken extrem scharfsinnig, leidenschaftlich und kühn. Nicht viele Kinder erfinden zufällig einen „Detektor für Fernlenkraketen“, ganz zu schweigen von den vielen anderen Erfindungen, die er zu Beginn seiner Arbeit machte.

Patrick hat die besondere Fähigkeit, über die Alltagswahrnehmungen hinauszugehen, die Welt neu zu sehen und das Wunder wiederzuentdecken. Die Leute haben Patrick und mich oft als „Pierre und Marie Curie der Neunziger“ bezeichnet, denn wie sie leben und lieben wir unsere Arbeit und bieten sie den Menschen dar, damit sie sie benutzen und sich daran erfreuen können.

Wir sehen uns selbst als einen Teil eines wissenschaftlichen Kontinuums, das sich in zwei Richtungen erstreckt – zurück in die Vergangenheit und vorwärts in eine unendliche Zukunft.

Einleitung

Das Wort „Alchemie" beschwört Bilder eines mittelalterlichen Wissenschaftlers herauf, der, in einem dunklen Raum verborgen, wertloses Metall in Gold verwandelt. Diese Vorstellung mag einen Großteil der Arbeit der alten Alchemisten charakterisieren, doch erzählt sie nichts von der Geschichte der *neuen Alchemie*. Alchemie hatte stets mit Transformation, Veränderung, spiritueller Energie zu tun, doch auch mit Wissenschaft, damit, empirische Indizien eingehender zu betrachten und konkrete, nachprüfbare Erklärungen für die Geheimnisse zu finden, auf die wir stoßen. Sie handelt von einer Veränderung im Denken, von dem Gebrauch der Energie durch das Medium des Geistes – wobei der Geist der Schnittpunkt all dessen ist, was „außerhalb" und „innerhalb" des Selbst liegt.

Wir Menschen sind Energieumwandler. Wir wandeln durch physikalische, geistige und spirituelle Aktivitäten Energie von einer Form in eine andere um. Auf unserer tiefsten, wesentlichsten Ebene sind wir Menschen Alchemisten, Agenten der Veränderung. Und genau davon handelt dieses Buch – von unserem tiefgreifendem Potential als Agenten der Veränderung. Diese Transformation findet zunächst innerlich, im Individuum selbst, und dann äußerlich in Form von Taten statt. Dies ist das Wesen der Alchemie. In gewisser Weise ist jede Aktion und Interaktion so etwas wie Alchemie. Sie ist kein Mysterium, das in den Höhlen eines vergangenen Zeitalters verborgen ist, sondern eher ein vibrierender, anhaltender Prozeß bewußter Aktivität. Es ist Kreativität in ihrer vollsten Ausprägung.

Unsere Kreativität unterscheidet uns voneinander und führt zur Transformation. Viele von uns gehen durchs Leben, ohne die Macht ihres eigenen Geistes zu erkennen. Dies liegt daran, daß unsere Sicht durch die Ablenkungen unseres Alltags getrübt wird. Dennoch sind wir zu einer freien, unbeschränkten Erforschung von Ideen fähig.

Dieses Buch handelt von zwei kreativen Menschen, die Vorbild für all diejenigen sein können, die sich diesen neuen Möglichkeiten öffnen wollen: Patrick und Gael Crystal Flanagan.

Patrick Flanagan, Ph.D., M.D. (MA) hat die meiste Zeit seines Lebens damit verbracht, die Auswirkungen elektromagnetischer Felder auf lebende Systeme zu erforschen. In der Wissenschaftsgemeinde ist er bestens bekannt, da er als Wunderkind auf den Gebieten der Physik, der Elektronik und der Biochemie galt. Mit 14 erfand er das Neurophon, und mit 18 bezeichnete das *Life Magazine* ihn als einen der vielversprechendsten jungen Wissenschaftler in Amerika. Mit 19 war am Gemini-Raumfahrtprogramm der NASA beteiligt, und mit 23 arbeitete er als Computer-Designer für die U.S. Navy, um innerhalb des Mensch-Delphin-Kommunikationsprogramms menschliche Sprache in die Sprache der Delphine zu übersetzen. 1968 gab er sämtliche von der Regierung gesponserte Forschung auf und betreibt seitdem eigene Beraterfirmen. Am bekanntesten ist Flanagan in den USA vielleicht für sein Buch *Pyramid Power*, das aus seinem lebhaften Interesse für Energie und die Bioenergiesysteme des menschlichen Körpers entstand. 1972 erhielt er seinen Doktor der Philosophie, und 1977 wurde er zum Professor für Psychologie ernannt. Von der renommierten Academia Gentium Pro-Pace in Rom wurde er mit Academicum Ex Classe Tibi Legitima bedacht.

Dr. Gael Crystal Flanagan, M.D. (MA) ist eine international bekannte Gesundheitsforscherin, Autorin, Erfinderin, Kräuterkundige und Langlebigkeitsforscherin. Sie ist seit mehr als 20 Jahren im Gesundheitsbereich aktiv und war Kodirektorin eines der ersten holistischen Gesundheitszentren des Landes.

Sie ist außerdem Koautorin des Buches *Elixir der Jugendlichkeit.*

Gael und Patrick erhielten Anfang der neunziger Jahre ihren Doktor der Medizin von der renommierten Medicina Alternativa in Colombo, Sri Lanka. Dieser Doktorgrad wurde ihnen beim Multi Disciplinary World Medical Congress (Weltkongreß mehrerer medizinischer Disziplinen) in Colombo verliehen.

Nach Jahren der Forschung haben Patrick und Gael die Eigenschaften des berühmten „Hunza-Wassers" entschlüsselt. Ihr erstes Microcluster-Produkt™*, Crystal Energy™**, bildet die besonderen Mineralstrukturen nach, die im Hunza-Wasser gefunden wurden, und wird für eines der effizientesten Mittel gehalten, Nährstoffe zu den Zellen zu transportieren. Ein Großteil der Arbeit und der Kreativität der Flanagans konzentrierte sich darauf, ihr Verständnis von Energie zu erweitern. Jede der in diesem Buch erörterten Erfindungen beschäftigt sich auf die eine oder andere Weise mit Austausch und Übertragung von Energie.

Auf den Spuren einer neuen Alchemie bietet einen Überblick über Patrick Flanagans Werk und Ideen. Jedes Kapitel behandelt jeweils eine andere Erfindung sowie deren Anwendungsbereiche. Der größte Teil des Materials wurde aus Interviews, Diskussionen, Aufsätzen und sonstigen Unterlagen erarbeitet, die die Flanagans zur Verfügung gestellt haben.

Durch meine enge Freundschaft mit den Flanagans gewann ich nicht nur einen tiefen Einblick in deren Forschung und in die Geschichte des wissenschaftlichen Denkens; ich bekam

* Microcluster ist ein eingetragenes Warenzeichen und das Eigentum von Flanagan Technologies und Vortex Industries

** Crystal Energy ist ein eingetragenes Warenzeichen und das Eigentum von Flanagan Technologies und Vortex Industries

eine Ahnung davon, daß jeder eine bestimmte Rolle als Katalysator für Veränderung zu spielen hat. Gael und Patrick haben außerdem meine Überzeugung gefestigt, daß aufstrebende Technologien positiv zu den Veränderungen in der menschlichen Entwicklung sowie zu mehr Harmonie im Leben und in der Welt beitragen können – *wenn diese Technologien dazu gedacht sind, den Menschen zu dienen, anstatt sie zu versklaven.*

Natürlich handelt dieses Buch auch von einigen der technischen Geräte, die Flanagan erfunden hat, und ich hoffe, damit die kommerzielle Umsetzung dieser Ideen anzuregen. Aber selbst, wenn Sie nach dem Lesen dieses Buches feststellen, daß Sie nicht an den Erfindungen der Flanagans interessiert sind, wird dieses Buch für Sie ein Gewinn sein, wenn der Weg zur Veränderung, den die Geschichte dieses Paares illustriert, Sie inspiriert.

Wie dieses Buch entstand

Was nun brachte mich dazu, dieses Buch zu schreiben? Auf welche Weise führten mich meine Lebensumstände dahin, dieses Werk in Angriff zu nehmen? Angefacht wurde diese Entwicklung in hohem Maße durch die transformierenden Auswirkungen von Freundschaft und gegenseitigem Respekt.

Mein Leben drehte sich um die Arbeit, die mir damals wichtig erschien. Aufgrund des politischen Engagements meiner Familie beruhte ein Großteil meiner Erfahrungen auf Tätigkeiten im Dienst für die Allgemeinheit, und dies schien auch der richtige Weg zu sein, dem ich folgen sollte. In jener Zeit, die zur Änderung meiner Einstellung führte, schien die Welt gerade regelrecht vor die Hunde zu gehen. Die politische und gewerkschaftliche Arbeit, mit der ich mich befaßte, hatte mich auf einen Weg geführt, der mit Frustrationen und Enttäuschungen beladen war. So viel Energie – und so wenig bedeutsame

Veränderung! Es schien, als liefe stets alles auf die kleinsten gemeinsamen Nenner von Eigennutz, Profit und Macht hinaus. Wo waren sie, die uneigennützigen Leitfiguren und die pulsierenden Triebkräfte? Das Gesamtbild schien hinter den kleinen Dingen zu verschwinden. Für mich zerfiel die Illusion der modernen amerikanischen Demokratie, die sich meiner Ansicht nach auf eine Vorherrschaft von Eigeninteressen und eine Entfremdung des Normalbürgers zubewegte. Die meisten Menschen sahen keinen Sinn mehr im Dienst für die Allgemeinheit, denn hinter den schönen Worten der Politiker und Abgeordneten steckte nur noch Eigennutz und zu viele verborgene Absichten und Pläne, die in den seltensten Fällen tatsächlich zum Wohle des Volkes gedacht waren.

Für mich war es Zeit für eine Veränderung – für einen Schritt in eine neue Richtung. Über die Jahre hatten sich einige Hundert Pfund Papier angesammelt, und dieser Wust mußte gelichtet werden. Ich begann meine Aktenstapel in Kartons zu verstauen, um diese im finsteren Kriechkeller unter dem Haus verschwinden zu lassen. Dies schien ein angemessenes Begräbnis für angestaubte Ideen und vergeudete Energie zu sein. Beim Durchforsten der zu verpackenden Dokumente fand ich meine Wissenschaftsaufzeichnungen, die fast zwölf Jahre lang ungenutzt dagelegen hatten. Wenn ich auf etwas Interessantes gestoßen war, hatte ich es dann und wann den Akten beigefügt. Aber der größte Teil war unberührt. Mit den Jahren war das Wissenschaftsarchiv angewachsen – allerdings eher durch Nachlässigkeit als mit System –, so daß es einige Kartons füllte. Als meine beruflichen Akzente sich von Organisationstätigkeiten in Gewerkschaft und Politik hin zur Wissenschaft verschoben, wurde das Material, das ich zwei Jahrzehnte lang gesammelt hatte, zunehmend wichtiger.

Während ich über die Dokumente und die Artikel nachdachte, die ich gerade beiläufig zu mehreren Stapeln sortierte, empfand ich Traurigkeit darüber, so lange Zeit ohne die Wissenschaft verbracht zu haben. Jahre zuvor hatte ich angefangen, Freunden dabei zu helfen, ihre Ideen einer breiten Öffentlichkeit bekannt zu machen. Damals jedoch brachten persönliche und geschäftliche Veränderungen das Ganze zum Stillstand.

Beim Durchsehen des Materials erinnerte ich mich an meinen Freund Dr. Reijo Mäkelä, einen brillanten Wissenschaftler aus Finnland. Ich dachte über die Ideen nach, die er mir vor zwölf Jahren dargelegt hatte. Im Dokumentenstapel fand ich ein Buch des Erfinders Patrick Flanagan sowie ein paar Artikel über ihn. Ich hatte schon immer das Gefühl gehabt, diese beiden Wissenschaftler seien dazu bestimmt, einander zu begegnen. Es schien, daß sowohl Patrick als auch Reijo über Wissen verfügten, das der Arbeit des anderen zugute kommen und als Folge davon den Zustand der Welt verbessern würde.

Während ich mit der Sichtung der Unterlagen fortfuhr, gingen mir die beiden Forscher nicht mehr aus dem Kopf. Ich kam immer wieder auf ihre Aufsätze zurück. Eines Tages entschloß ich mich beim Durchsehen dieser Ordner, Reijo Mäkelä wieder aufzuspüren und irgendwie den mysteriösen Patrick Flanagan ausfindig zu machen und zu treffen, egal wie lange es dauern würde und wieviel Aufwand ich dafür würde betreiben müssen. Ich sprach mit meiner Frau Shelah darüber, mich wieder auf die Wissenschaft zu konzentrieren, und erzählte ihr die Geschichte von meinem alten Freund Reijo. „Steig' um, mach', was du gerne tust, und es wird gut ausgehen", ermutigte sie mich. So kam der Stein ins Rollen.

Es dauerte sechs Monate, bis ich Reijo wiederfand. Während meiner Suche fing ich an, einen Brief an ihn zu verfassen und Material zusammenzustellen. Die Suche nach Reijo zog sich hin, und ich begann, neues Forschungsmaterial zu sammeln. Ich verbrachte meine gesamte Freizeit damit zu lesen, zu forschen und meinen alten Freund ausfindig zu machen. Dann endlich fand ich Reijo, und er war in den verstrichenen zwölf Jahre nicht untätig gewesen. Er war von der Grundlagenforschung zur Anwendungstechnik übergegangen und hatte seine Ideen in Australien, Europa und Asien vorangetrieben. Er hatte ein neues Akupunktursystem entwickelt und in zehn Jahren über 12.000 Menschen damit behandelt.

Wir tauschten unsere ersten Briefe aus, die ich wegen ihres Umfangs als „Nickpacks" zu bezeichnen pflegte. Im Laufe der Korrespondenz stieß ich erneut auf Material von Flanagan und schickte Kopien davon an Reijo. In meinen eigenen weiterführenden Forschungen fand ich immer wieder Bezüge zu Patrick Flanagans Arbeit. Und dann passierte es. Ich las ein Buch von Christopher Bird und Peter Tompkins mit dem Titel *Die Geheimnisse der guten Erde*. Darin gab es ein Kapitel über Patrick Flanagan. In der Mitte dieses Kapitels findet sich ein Hinweis auf die Open International University for Complimentary Medicines in Sri Lanka – dieselbe Universität, an der Reijo einen seiner Doktortitel erhalten hatte. Das war mehr als Zufall. Hier gab es zwei Menschen, deren Schriften und Arbeiten mich so stark beeinflußt hatten, und beide hatten denselben Punkt passiert. Das bestätigte mich darin, daß es an der Zeit für mich war, Flanagan zu finden, ihm Reijo vorzustellen und meine Unterstützung bei allen Projekten anzubieten, die vielleicht folgen würden.

Die Suche nach Patrick Flanagan gestaltete sich viel einfacher. Ich fand seinen Namen im Quellenanhang eines Buches, und ich fand die Adresse des Buchverlages. Alles in allem war es ein eher gewöhnlicher Name, weshalb ich mich fragte, ob es wohl der richtige Patrick Flanagan war. Eilig bereitete ich einen Brief vor, um die Antwort herauszubekommen. „Sind Sie der Patrick Flanagan, der ... ?" Ich schickte den Brief an die Verlagsadresse, in der Hoffnung, daß es sich um denselben Flanagan handelte. Zurück kam ein Standardbrief der Firma Vortex Industries, der bestätigte, daß ich die richtige Person erreicht hatte. Ich mußte irgendwie an der Vorzimmerdame vorbeikommen und Flanagans Aufmerksamkeit erregen, wenn es je zu einem Treffen kommen sollte. Es war wichtig, und es war der richtige Zeitpunkt. Ich kopierte das Wesentliche aus einem von Reijos provokantesten Aufsätzen und verschickte es. Die Unterlagen bezogen sich auf einige der Bereiche, denen Flanagans wissenschaftliches Interesse galt. Zusammen mit einem Begleitschreiben warf ich den Brief in den Briefkasten. Vier Tage später klingelte das Telefon. Am anderen Ende der Leitung war Dr. Patrick Flanagan!

Der Telefonkontakt mit Patrick und seiner Forschungspartnerin und Ehefrau Gael war einer der magischen und einschneidenden Momente in meinem Leben. In jener Nacht sprachen die Flanagans, meine Frau und ich mehrere Stunden miteinander. Es war, als wären wir bereits seit einer Ewigkeit befreundet. Wir tauschten Ideen aus, und im Dialog wurde uns allen klar, daß unsere Arbeit auf irgendeine Weise für immer verflochten sein würde. In den darauffolgenden Monaten wurden stapelweise Dokumente kopiert und gegenseitig ausgetauscht. Ideen wurden sondiert, und die Telefonate nahmen kein Ende. Ich glaube, daß ich ihnen auf bescheidene Weise ein wenig bei ihrer Arbeit helfe, und Patrick und Gael veränderten mein Leben ganz grundlegend.

Es war belebend und anregend, meine Fühler wieder in die Richtung auszustrecken, die ich so viele Jahre zuvor hinter mir gelassen hatte. Die Naturwissenschaften boten so viel Potential. Das war reizvoll und bewies eine Prämisse, an die ich mich weiterhin halte: Wenn man seine Kreativität erst einmal erkannt hat, kann man sie in jede Richtung lenken, oder, wie mein junger Sohn Forest sagen würde: Es ist, als ob man von einem Fernsehprogramm auf ein anderes umschalte. Der Wechsel von der Politik und den Gewerkschaftsaktivitäten hin zur Wissenschaft stellte einen radikalen Schritt dar, den nur mein engster Freundes- und Familienkreis verstehen konnte.

Die Arbeit begann und sollte sich als eine endlose Reihe von Wandlungen und Möglichkeiten für persönliches Wachstum erweisen. Meine Eltern hatten stets betont, daß wir Menschen hier sind, um einander auf jede Weise zu dienen, die uns zu Gebote steht. Wir sind hier, um einander zu helfen und unser volles Potential als menschliche Wesen zu erreichen. Ich befand mich auf der Suche nach einem Fokus, der meine Möglichkeiten verwirklichen und etwas zur Arbeit anderer Menschen beisteuern würde, um die Welt ein wenig zum Besseren hin zu ändern. Meine Suche endete bei der Wissenschaft, und sie gründet sich auf die Freunde, die ich fand. Dieses Buch ist das Ergebnis jener Freundschaften.

Kapitel 1

Ein Wunderknabe mit unstillbarem Wissensdurst

Gillis Patrick Flanagan wurde am 11. Oktober 1944 in Oklahoma City, Oklahoma, als Sohn von Gillis Chas und Betty Flanagan geboren. Bereits in jungen Jahren demonstrierte er seinen unglaublichen Intellekt. Noch ehe er fünf Jahre alt war, konnte er mechanische Geräte auseinandernehmen und wieder zusammenbauen. Seine Neugier war unstillbar, und sein Wille, diese Neugier zu befriedigen, war nicht zu bremsen. Seine Eltern förderten seine Arbeit bereits im Kindesalter, da sie glaubten, seine Begabung müsse entwickelt werden.

Als er zwei Jahre alt war, gab ihm sein Vater einen hochpräzisen Marinekompaß. Der Vater ging für ein paar Augenblicke weg, und als er wiederkam, hatte Patrick den Kompaß vollständig auseinandergebaut. Mit seinen Händen als einziges Werkzeug hatte er die winzigen Schräubchen herausgedreht und alle Einzelteile auseinandergenommen. Die Eltern waren verblüfft über seine Fähigkeit, das Instrument zu zerlegen. Von dem Moment an war vor dem neugierigen Kind nichts mehr sicher. Der Junge nahm alles auseinander, um zu begreifen, wie es funktionierte. Dies wurde zum Muster seines weiteren Lebens.

Mit sechs Jahren begann er, sich für Chemie zu interessieren. Sein Vater half ihm, im Keller ein Labor einzurichten, und stattete ihn mit Chemikalien, Laborgeräten und Chemiebüchern aus. Schon nach ein paar Jahren studierte er Texte von akademischem Niveau und hatte sich ein breites praktisches Wissen in Chemie angeeignet. Durch seine Beschäftigung mit der Chemie und dem Periodensystem der Elemente entwickelte Flanagan eine Faszination für die Vorstellung, daß praktisch alles im Universum aus Grundelementen besteht. Der Gedanke, daß sich durch Manipulation von Molekülen eine solche Vielfalt schaffen läßt, erstaunte ihn.

Ein richtungweisender Traum

Als Patrick acht Jahre alt war, hatte er einen ungewöhnlichen Traum. Es war einer dieser wirklich seltenen Träume, die einige von uns vielleicht ein- oder zweimal im Leben haben, wenn alles intensiv und lebendig und von einer Art ist, die einer einfachen Erklärung trotzt. Es ist ein Traum und gleichzeitig eine konkrete Realität – ein Blitz aus Energie, der nach dem Ende des Traums für immer im Geist haften bleibt. Es war solch ein Traum, der Flanagans Interessen von der Chemie zur Elektronik verlagerte.

In seinem Traum aus dem Jahre 1952 sah er, daß die Welt im Begriff stand, eine bedeutende technologische Veränderung durchzumachen. Und er sah, daß diese zukünftige Veränderung bedeutend dramatischer als die Industrielle Revolution sein würde. Er sah ein Zeitalter heraufziehen, in dem die Macht des Geistes stark zunahm und Elektronik und Computer das Leben beherrschten. In seinem Traum sah er, wie er selbst große Beiträge zu dieser zukünftigen Technologierevolution lieferte.

Der Traum war für Patrick verblüffend und überraschend. Die Computer- und Elektronikindustrie war noch weit von ihren heutigen Errungenschaften entfernt. Die wenigen Computer, die es damals gab, waren riesige, klobige Maschinen, die einen Raum von Tausenden von Quadratmetern einnahmen und im Vergleich zu den Computern von heute wenig leisteten. Moderne Personalcomputer wie der, den ich benutzte, um dieses Buch zu schreiben, hätten alles übertroffen, was zu jener Zeit im Betrieb war.

Von dem Tag seines Traumes an verlagerten sich Patricks Interessen zur Physik und Elektronik. Er hatte alles gelesen, was er zu diesen Themen finden konnte, und er verschlang Dutzend und Aberdutzend Bände. Es war irgendwie seltsam, denn ihm kam es vor, als ob ein Großteil des Materials, das er fand, ihm bereits vertraut sei – ja als ob er es bereits gekannt hätte. Dies machte das Lesen und Studieren einfach und aufregend. Während er las, fuhr er fort zu experimentieren. Mit acht Jahren entwarf und baute er seine ersten Elektronikschaltkreise, und mit zehn baute er aus einem Haufen Teile einen kompletten Radiosender und -empfänger zusammen.

Als nächstes baute er seine eigene Version der „Russischen Schlafmaschine", über die er einem Zeitungsbericht gelesen hatte. Dabei handelte es sich um ein elektronisches Gerät, das Gehirnwellen veranlaßt, langsamer zu werden und mit dem eingegebenen Signal mitzuschwingen. Die Gehirnwellentätigkeit verlangsamt sich, wie dies auch beim Tiefschlaf der Fall ist. Das Gerät versetzt einen Menschen in tiefen Schlaf und reduziert damit die Anzahl von Stunden, die für eine vollständige Nachtruhe erforderlich sind. Für Patrick war dies eine große Errungenschaft, denn es ließ ihm mehr Wachzeit, um seine Studien zu verfolgen. Die Maschine reduzierte seinen Schlaf auf nur vier Stunden pro Nacht. Im Alter von acht Jahren war er mehr am Lernen als am Schlafen interessiert, und dieses Gerät löste das Problem. Der Apparat hätte kommerziell genutzt werden können, doch für einen Achtjährigen war es nur ein neues Spielzeug, das ein Problem löste.

Trotz aller Genialität gingen die Experimente des jungen Flanagan nicht immer gut aus. Während seiner Grundschulzeit arbeitete er in seinem Labor an einer Rakete, als diese zufällig zündete und sich sieben Zentimeter tief in eine Betonwand bohrte. Nach dem Vorfall gab es eine kleine Familiendiskussion, und ihm wurde eingeschärft, bei seinen Experimenten vorsichtiger zu sein. Doch er wurde nie davon abgehalten, seine Interessen weiterzuverfolgen.

Flanagans Interesse an den Wissenschaften – der Chemie, der Physik und der Elektronik – wuchs zunehmend. Als er 14 geworden war, sagte ihm einer der Topchemiker aus der Firma, für die sein Vater arbeitete – Shell Oil Laboratories in Houston, Texas –, er besäße denselben Grad an Fachkenntnis wie ein Diplomchemiker. Während seines ganzen Lebens hat Flanagan sein Wissen auf diesem Gebiet immer mehr erweitert.

Übermenschliche Kräfte

Seine Mutter ermutigte ihn, vielfältige weitere Interessen zu entwickeln. So betrieb er Leichtathletik und zeigte besonderes Talent für Gymnastik. In der Highschool gewann er mehrere Preise und Auszeichnungen im Kunstturnen. Und Flanagan war nicht nur ein intellektuelles Genie und ein überragender Sportler – er war auch beliebt. So wurde er in der Junior-Highschool zum Klassensprecher gewählt.

1963 nahm Patrick an dem AAU-Kunstturnwettkampf in Houston, Texas, teil – bei seinem ersten Turnier noch als „Juniorsportler". Bereits am nächsten Tag stieg er zum „Seniorturnchampion" der gesamten Südstaaten auf. Und im ersten Jahr, in dem er an Wettkämpfen teilnahm, gewann er insgesamt mehr als 30 Goldmedaillen.

Patrick verfügt über eine Fähigkeit, die auch als „Berserkerkraft" bekannt ist. Das heißt, er kann bewußt die gewöhnlichen Schutzmechanismen des Körpers umgehen, die die Menge an Nervenkraft begrenzen, die durch Muskeln übertragen werden kann und Kontraktion bewirkt. Es ist bekannt, daß manche Leute unter außergewöhnlichen Umständen übermenschliche Kraft an den Tag legen können. Flanagan war in der Lage, all diese Turnmeisterschaften zu gewinnen, weil er die Schmerzgrenze durchbrechen und die Übungen mit unglaublicher Kraft und Kontrolle bewältigen konnte.

Als er 1963 in der Gary-Moore-Show des NBC-Fernsehens auftrat, demonstrierte er seine mentale und physische Kraft. Er legte sich auf den Bauch, legte seine Handflächen flach auf den Boden neben seine Hüften und streckte die Ellbogen durch. Dann stützte er sich vom Boden ab, wobei er seinen Körper mit der Kraft seiner Hände parallel zum Boden in die Höhe stemmte, ohne dabei seine Arme zu beugen. Er fuhr dann fort, seinen Körper bis zu einem vollen Handstand hochzudrücken.

E.L. Victory, ein Mathematiker und Physiologe am Massachusetts Institute of Technology in Boston, untersuchte Patrick. Er stellte fest, daß Flanagan in einigen Muskelgruppen über 8 000 Pond an Kraft erzeugen konnte, wobei er die Kraft nacheinander durch zwölf verschiedene Muskelgruppen leitete, um diese Leistung zu vollführen. Patrick glaubt, daß jeder lernen kann, diesen „Überlebensschalter" mit übermenschlicher Kraft beliebig „einzuschalten".

In jungen Jahren entwickelte Flanagan ein Interesse am CB-Funk und an der Luftfahrt. Mit zwölf erhielt er seine Amateurfunkerlizenz und gründete an der Junior-Highschool einen Amateurfunkerclub, wo er fünfzehn anderen das Funken beibrachte. Viele davon arbeiteten später professionell in diesem Bereich. Seinen ersten Alleinflug machte er mit 16, und kurz nach seinem 17. Geburtstag bekam er seinen Privatpilotenschein.

Am 29. Dezember 1962 erhielt Flanagan für seine Erfindung des Neurophons – auf das wir im nächsten Kapitel noch ausführlich zu sprechen kommen – von der Academy of Achievement in San Diego, Kalifornien, die Goldmedaille. Bei der alljährlich stattfindenden Preisverleihung wurde er zusammen mit mehreren anderen gewürdigt, die ebenfalls internationale Erfolge vorzuweisen hatten.[1, 2] Es war eine große Ehre und verschaffte Flanagan die Gelegenheit, Menschen kennenzulernen, die sein Leben nachhaltig beeinflussen sollten und zu lebenslangen Freunden wurden.

Flanagan wurde auch in der Ausgabe 1962-63 von *Leaders in American Science* gewürdigt, die das *Who's Who in American Education* veröffentlicht. Darin befand sich der folgende spezielle Vermerk:

„Eine höchst interessante Besonderheit an Band V ist die Aufnahme der Kurzbiographie und eines Bildes von Gillis Patrick Flanagan aus Bellaire, Texas. Mr. Flanagan ist erst achtzehn Jahre alt und wird im kommenden Juni seinen Highschool-Abschluß machen. In diesem jungen Alter wurde er bundesweit zum Erfinder und wissenschaftlichen Genie erklärt. Wir werden seine Laufbahn mit großem Interesse weiterverfolgen."

In dem Text, der Flanagan beschrieb, wurde er für seine Forschung in der Bioelektrik und für seine Arbeit auf dem Gebiet der Registrierung von nuklearen Explosionen gewürdigt.

Phänomenale Geisteskraft

Flanagan verfügt über ein fotografisches Gedächtnis. Er kann sich die visuellen Bilder ganzer Seiten von Material, das er gelesen hat, ins Gedächtnis zurückrufen. Diese Fähigkeit hat es ihm in seinem Leben ermöglicht, riesige Mengen von Information aufzunehmen. Seine private Bibliothek enthält mehr als 40 000 Bände und stellt nur einen Teil seines Studienmaterials dar. Als er noch auf der Highschool war, wurde seine Lesegeschwindigkeit mit 14 500 Wörtern pro Minute bei einem Verständnisgrad von 95 Prozent gemessen. Mit einer solchen Geschwindigkeit zu lesen erfordert eine besondere Art von Konzentration, die zwangsläufig Streß hervorruft und zu körperlicher Erschöpfung führt. Beim normalen Arbeitsverlauf verlangsamt Patrick das Lesen auf rund 2 000 Worte pro Minute, wobei er das Material immer noch auf eine Weise verarbeitet, die ein visuelles Abrufen ermöglicht.

Flanagan hat auch die Fähigkeit, seinen Geist wie eine Tafel zu benutzen. Er hat diese Fertigkeit mit der Zeit entwickelt, und sie ist ihm vor allem beim Nachdenken über seine Erfindungen äußerst nützlich. Er ist auch in der Lage, seine Geräte im Geiste dreidimensional und farbig zu entwerfen und zu verändern. Er kann diese geistigen Entwürfe benutzen, um die Geräte am selben Tag oder sogar erst Jahre später in seinem Labor zu bauen. Nur wenige Menschen haben die Fähigkeit, diese Art von Material im Kopf zu speichern und wieder abzurufen.

Patrick verfügt ferner über das Talent, sich in andere Erfinder hineinzuversetzen. Wenn er an Projekten arbeitet, die auf den Ideen anderer aufbauen oder sie erweitern, verliert er sich häufig in einer inneren Bilderwelt, in der er durch die Augen des Erfinders sieht. „Es ist, als ob ich dort wäre, die ursprünglichen Experimente durchführte, deren Resultate sähe und auch, in welche Richtungen sie sich zukünftig entwickeln", sagt er. Diese Fähigkeit hat ihm in seinem ganzen Leben geholfen, und zwar insofern, als sie ihm die Möglichkeit einräumt, seine Arbeit so zu sehen, wie sie sich vor Jahren entwickelt haben könnte, und das Werk anderer wesentlich weiterzuführen, basierend auf seinen eigenen intuitiven Einsichten in die Richtungen, die das Werk nehmen wird. Er war in der Lage, diese Begabung zu nutzen, um die Arbeiten anderer grundlegend zu verbessern und weit über das Lebenswerk anderer Erfinder hinauszugehen.

Dem Pentagon um Längen voraus

Mit elf Jahren entwarf und baute Flanagan Geräte verschiedener Art. Mit zwölf beendete er seine Arbeit an einem Detektor für Fernlenkraketen.[3] Das Gerät war tragbar und konnte das

Abfeuern von Raketen und von Atombomben in einer Entfernung bis zu 13 000 Kilometern im Augenblick des Abhebens oder der Detonation aufspüren. Er baute den Detektor unter Verwendung von Ersatzteilen für ein Amateurfunkgerät sowie neuer Komponenten im Wert von fünf Dollar. Ein Artikel in der *Houston Post* beschrieb das Gerät und seine Konstruktion.[4]

Der junge Erfinder hielt die Konstruktion des Systems für ziemlich simpel und nichts Außergewöhnliches. Die Militäringenieure jedoch schätzten es ihren bedeutend größeren und teureren Ausführungen gegenüber als überlegen ein. Flanagans Entwurf konnte sogar für den Satelliteneinsatz modifiziert werden.

Der junge Flanagan wußte, daß eine große Rakete einen ungewöhnlichen Effekt hervorruft, wenn sie abhebt. In der Brennkammer werden derart hohe Temperaturen erzeugt, daß die entweichenden Gase ionisiert werden und sehr niederfrequente Energiewellen aussenden, die sich um die ganze Erde ausbreiten können. Die Abgasspur wird zu einer Antenne aus ionisierten Gasen, die Energie abstrahlt. Durch Einsatz eines Empfängers war Flanagan in der Lage, das Signal zu isolieren und Zeit und Richtung der Raketenstarts auszumachen. Dieselbe Art niederfrequenten Energieimpulses wird auch durch die Detonation von Atomsprengsätzen hervorgerufen, deren Signale sein Gerät ebenfalls aufzufangen vermochte. Er konnte Atomexplosionen sogar in so entlegenen Gebieten wie Nevada, der Sowjetunion und dem Südpazifik registrieren.

In den nächsten drei Jahren zeichnete er alle größeren Raketenabschüsse und Explosionen von Atombombentests in der ganzen Welt auf. Er stellte sein Gerät auf der Wissenschaftsmesse in Houston vor und gewann den ersten Preis für Elektronik und für die gesamte Wissenschaftsmesse. Zwei Wochen später erschien in der *Houston Post* ein Artikel über die Erfindung.[5] Sofort griffen andere Zeitungen und Zeitschriften in der ganzen Welt die Geschichte auf und veröffentlichten ihre eigenen Berichte über diesen bemerkenswerten jungen Erfinder.

Ein paar Tage später wurde Patrick in der Schule – er besuchte damals die 8. Klasse – vom Direktor über die Lautsprecheranlage ausgerufen: „Achtung! Patrick Flanagan soll sofort in mein Büro kommen. Das Pentagon ist am Telefon." Flanagan war wie betäubt. Seine Klassenkameraden waren schockiert. Mit seinen Experimenten hatte er gelegentlich Stirnrunzeln hervorgerufen – doch jetzt rief das Pentagon an?

Es stimmte. Der General am Telefon sagte: „Mein Sohn, wir möchten erfahren, wie du all diese Atomtests und Raketenabschüsse entdeckt hast." Er erklärte, wie seine Instrumente funktionierten und wie er die Entwürfe ausgearbeitet hatte. Innerhalb von Tagen erhielt er Besuch von Vertretern der Luftaufklärung und des Entwicklungskommandos, die mit der Untersuchung fortfuhren, um detaillierte Informationen über die von ihm entwickelte Technologie zu erhalten. Dann endeten die Besuche ebenso schnell, wie sie begonnen hatten. Das Projekt wurde als streng geheim klassifiziert, und die Militäringenieure diskutierten nicht weiter mit Flanagan darüber. Nur wenige Monate später gab die U.S.-Regierung die Entwicklung eines neuen Gerätes bekannt, das sämtliche Raketenabschüsse und Atomtests registriere. Das neue Geräte könne in Satelliten installiert werden.

Aufregend? Das war es sicherlich. Als jener dramatische Telefonanruf aus dem Pentagon kam, war der Detektor bereits drei Jahre alt. Patrick war zu einer neuen, vielleicht noch wichtigeren Erfindung übergegangen: dem Neurophon.

Kapitel 2

Elektronische Telepathie: das Neurophon

Das Neurophon erfand Patrick Flanagan 1958, als er 14 Jahre alt war und in Bellaire, einem Vorort von Houston, Texas, lebte. Die Idee für die Erfindung kam ihm, als er ein Sciencefiction-Buch las, das Hugo Gernsback, der Gründer von Gernsback Publications, 1911 geschrieben hatte. In dem Buch hatte *Ralph 124C41+* (ausgesprochen: one to foresee for one, dt. etwa: einer, der für einen vorhersieht), der Held in der Geschichte, eine elektronische Telepathiemaschine, die Informationen direkt ins Gehirn programmieren konnte. Die Idee der elektronischen Telepathie faszinierte Flanagan, und seine Arbeit am ersten Neurophon begann.

Das Neurophon wurde aus einigen technischen Komponenten und alltäglichen Gebrauchsgegenständen gebaut, die der Junge im Haus zusammensammelte. Im Küchenschrank unter der Spüle und in der Vorratskammer fand er Stahlwolle, die er in Butterbrottüten aus Plastik steckte, mit isolierten Kupferdrähten verband und als Elektroden für das Gerät verwendete. Die Drähte von den Stahlwolle-Elektroden wurden mit einem umgewandelten Audioverstärker verbunden, der wiederum an einen Plattenspieler angeschlossen war. Das Signal der elektrischen Energiewelle las Flanagan auf einem Oszilloskop ab, das er benutzte, um Wellenformen und elektrische Ausgangsleistungen festzustellen. Der Verstärker erhielt die Musik- oder Sprachsignale vom Plattenspieler. (Heute kann jedes Audiogerät einschließlich eines CD-Players, eines Kassettenrekorders etc. verwendet werden.)

Die Elektroden wurden neben den Augen an den Schläfen angebracht, und wenn das Neurophon eingeschaltet wurde, konnte man die Töne „hören“, als ob sie im Kopf erzeugt würden. Die Tonqualität bei diesem Gerät der ersten Generation war schwach, verzerrt und insgesamt schlecht. Das Gerät rief einen interessanten Effekt hervor, war jedoch nicht von praktischem Nutzen wegen der schlechten Tonqualität, die mit der Signalbearbeitung zusammenhing.

Als er das Gerät benutzte und die Outputs beobachtete, entdeckte Flanagan, daß manche Tonsignale deutlicher waren als andere. Wie er bei einem Blick auf das Oszilloskop feststellte, konnten die klarsten und lautesten Töne erzeugt werden, wenn der Verstärker übersteuert und Rechteckwellen erzeugt wurden. Gleichzeitig oszillierte der Verstärker mit gedämpften Wellen bei Frequenzen von 40-50 Kilohertz. Patrick fand heraus, daß das Signal unter bestimmten Bedingungen überhaupt nicht wahrgenommen werden konnte, während andere Signale sehr klar durchkamen. Indem er die klareren Signale isolierte und ihre Modulationen analysierte, war Flanagan in der Lage, die idealen Betriebsparameter für das Gerät zu bestimmen.

Flanagan ging in die Bibliothek, um den Effekt, den er beobachtet hatte, zu erforschen und um herauszufinden, ob es irgendeine historische Erwähnung dieses Phänomens gab. Er entdeckte, daß der italienische Wissenschaftler Allessandro Volta bereits 1800 einen ähnlichen Effekt beobachtet hatte, den er als „elektrophonisches Hören“ bezeichnete. Man hielt es damals bloß für ein Phänomen, das durch die Bewegung der Muskeln, die die Knochen des Innenohrs umgeben, hervorgerufen wurde; man glaubte, sie würden von einem elektrischen Strom dazu angeregt, zu vibrieren, und so den Höreffekt verursachen. Bei der frühen Forschung auf diesem Gebiet, zu der auch der Italiener Antonio Meucci beitrug, beobachtete man, daß sich die Nervenbahnen des Menschen über einen elektrischen Strom an Maschinen anschließen ließen.

Es sollte jedoch mehr als hundert Jahre dauern, bis Patrick Flanagan die Technologie weiterentwickelte.

Flanagan führte seine Forschung und seine Beobachtungen fort, um den Mechanismus, durch den das Phänomen tatsächlich hervorgerufen wurde, weiter zu untersuchen und besser zu definieren. Während er das Signal auf dem Oszilloskop beobachtete, stellte er fest, daß es nur dann vom Gehirn wahrgenommen wurde, wenn der Verstärker übersteuert wurde und rechteckige Oberwellen erzeugte, die dann durch den Körper hindurch mit dem Gehirn in Resonanz traten. Dieser Resonanzeffekt mit den rechteckigen Oberwellen half erklären, warum das Tonsignal nur teilweise durchging und warum nicht alle Töne klar übertragen wurden. Für eine klare Übertragung mußten alle Töne im Einklang mit der Haut schwingen, die dabei als Rezeptor dient.

Die Haut als Sensor

Die Haut ist der größte und komplexeste Teil des menschlichen Körpers. Ausgebreitet würde unsere Haut rund vier Quadratmeter bedecken und vier Kilogramm wiegen, womit sie das größte Organ des Körpers ist.[1] Sie verbindet uns mit der äußeren Welt, schützt uns vor ihr und bildet eine erste Barriere für Krankheitserreger; außerdem fungiert sie als ein riesiges Flüssigkristallgehirn. Jeder Quadratzentimeter Haut enthält 1 300 Schmerzrezeptoren, nahezu 20 000 Berührungsrezeptoren, fast 200 Druckrezeptoren sowie 75 Kälte- und 13 Wärmerezeptoren. Die Haut ist auch in der Lage, die allerkleinste Vibration wahrzunehmen.[2] Sie übersetzt und digitalisiert unsere äußere Welt in eine Reihe von Impulsen, die unser inneres Selbst klar verstehen kann.

Die Haut ist piezoelektrisch, und wenn sie in Schwingung versetzt oder gerieben wird, erzeugt sie elektrische Signale und Skalarwellen. Sie ist unser primäres Sinnesorgan und kann zwischen allen Arten von Energiereizen unterscheiden – von Licht und Klang über Hitze bis zur Elektrizität und vielen anderen Formen von Energie. Diese Reize werden sowohl über das Nervensystem als auch über die Akupunkturkanäle interpretiert und in Signale umgewandelt oder transformiert, die dann durch diese Netzwerke geleitet und vom Gehirn entschlüsselt werden. Das Neurophon bringt sein Signal ein, wobei es den für Klangsignale spezifischen Kode verwendet. Flanagan beschreibt die Haut als Rezeptor folgendermaßen:

„Unsere Haut ist nicht nur eine Hülle, sie ist ein enorm empfindliches Organ mit Hunderttausenden von Rezeptoren für Temperatur und vibrotaktile Reize. Jedes Wahrnehmungsorgan entwickelt sich ontologisch und phylogenetisch aus der Haut. Beim Embryo faltet sich die Haut und bildet dann unsere Augen und Ohren. Unsere Haut hat möglicherweise die latente Fähigkeit, Licht und Klang wahrzunehmen."[3]

Die frühen Entwürfe

Der Körper bildete einen Teil des elektrischen Schaltkreises für das Gerät. Auf diesem Wissen aufbauend entwarf Flanagan einen entsprechenden Schaltkreis und schuf einen Hochfrequenzoszillator, um das Signal über die Haut durch das Energiegitter des menschlichen Nervennetzes zu senden. Doch dann entdeckte er, daß die spezielle Resonanzfrequenz einer individuellen Person signifikanten elektrischen Schwankungen und anderen Variablen unterlag. Vor allem die Ernährung des Menschen scheint sich darauf auszuwirken. Wie Flanagan bei einem Test feststellte, führte z.B. die Einnahme von rohen Aminosäuren zu signifikanten Veränderungen. Nach der Einnahme von einer Unze (28,35 g) reiner Aminosäuren veränderte sich der Hautwiderstand innerhalb von drei Minuten um das Zehnfache. Doch auch sonstige allgemeine Veränderungen im Körper, Stimmungswechsel und praktisch jeder äuße-

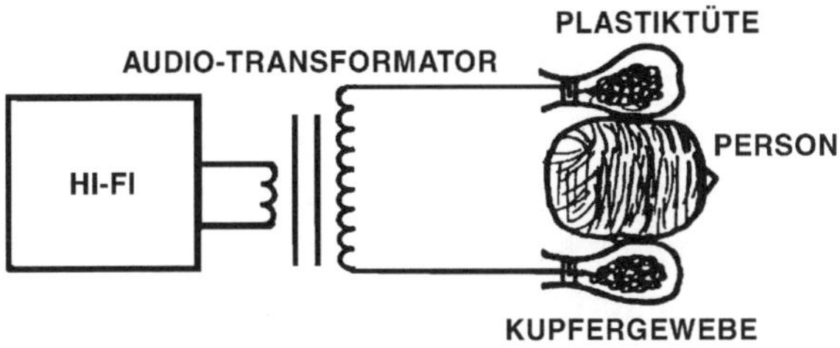

Frühes Experimental-Neurophon

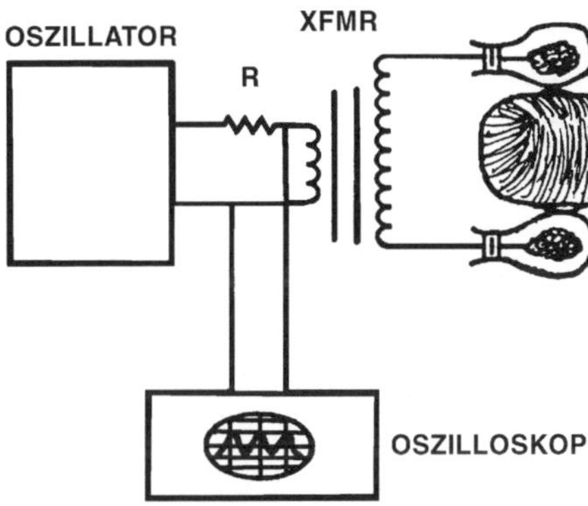

Resonanzmessung

re Stimulus konnten eine Veränderung der elektrischen Hauteigenschaften hervorrufen, was dann zu Schwankungen in der Übertragungsqualität führte. Das Gerät war nicht ohne weiteres in der Lage, sich diesen wechselnden Energiemustern anzupassen. Die dielektrischen Eigenschaften der Haut konnten sich im Bruchteil einer Sekunde um viele Größenordnungen verändern. Für den jungen Wissenschaftler erwies sich dies als eine große Herausforderung zur Verbesserung seiner Erfindung.

Das Neurophon bestand an diesem Punkt (als die ursprüngliche Patentanmeldung vorbereitet wurde) im wesentlichen aus einem Vakuumröhrenoszillator, bei dem die Frequenz manuell eingestellt wurde, so daß sie sich den natürlichen Frequenzen des menschlichen Körpers anpaßte. Um zu verstehen, wie das Gerät funktionierte, wäre es hilfreich, sich zu vergegenwärtigen, was geschieht, wenn man ein Radio anschaltet und auf einen Sender einstellt:

1. Der Empfangsknopf wird gedreht, bis sich eine passende Resonanz zwischen dem Sendesignal und der eingestellten Frequenz des Radios einstellt; und
2. das Signal wird dekodiert und als Ton durch den Lautsprecher geschickt.

Beim Neurophon fungiert der menschliche Körper als Radioempfänger. Töne werden von einem Kassettenrekorder, einem Mikrophon oder CD-Player abgenommen und in elektrische Impulse verwandelt. Diese werden über die Haut und das Energiesystem des Körpers von den Nerven „empfangen", ans Gehirn übertragen und dort als Ton entschlüsselt. Spätere Geräteversionen besaßen einen Rückkopplungsmechanismus, d.h. die in elektrische Signale umgewandelten Töne wurden ständig moduliert, um sich der stets veränderlichen Energie des menschlichen Körpers anzupassen. Die wechselnden, sich selbst korrigierenden Modulationen veranlassen das Gerät, jederzeit in Resonanz mit der dynamischen dielektrischen Reaktion der Haut des Anwenders zu bleiben, so daß die umgewandelte Toninformation kontinuierlich ins Gehirn entladen werden kann, wo sie genauso empfangen wird wie eine Radiosendung von einem Radio.

Flanagan begann, das Gerät an Menschen zu testen, deren Hörnerven vollkommen taub waren. Diese Personen vermochten weder über den normalen Hörkanal noch über die sogenannte Knochenleitung zu hören. Die Ergebnisse seiner Versuche waren unglaublich. Mehrere Testpersonen konnten mit Hilfe des Neurophons zum ersten Mal hören!

Das Neurophon macht Schlagzeilen

Als Flanagan 15 Jahre alt war, hielt er vor dem Amateurradioclub von Houston einen Vortrag über sein Neurophon und führte eine Demonstration vor. Am Tag nach der Demonstration nahm ein Reporter der *Houston Post* Kontakt mit ihm auf. Der Reporter hatte einen Verwandten, der durch eine Hirnhautentzündung taub geworden war, und er wollte die Erfindung an seinem Verwandten ausprobieren. Der Test wurde arrangiert. Das Gerät funktionierte wie erwartet und löste eine Welle von Medienberichten aus. An nur einem Tag wurde die Story in über dreihundert Zeitungen abgedruckt. Sie gelangte zu den internationalen Nachrichtenagenturen, und das Gerät wurde in den nächsten zwei Jahren weithin bekannt. 1961 quartierte sich ein Mitarbeiterstab des *Life Magazine* für eine Woche im Haus der Flanagan-Familie ein und verfolgte Patricks Tagesablauf, während sie eine Story über das Wunderkind zusammentrugen. Am 14. September 1962 erschien die Geschichte in dem renommierten Magazin.[4]

Als nächstes wurde Patrick eingeladen, in der Gary-Moore-Show „I've Got a Secret" (Ich habe ein Geheimnis) aufzutreten. Während der Aufzeichnung der Show am 1. Oktober 1962 wurde das Neurophon mit Hilfe zweier anderer Gäste – Andy Griffith und Bess Meyerson – demonstriert. Flanagan plazierte die Elektroden des Neurophons am Rücken von Bess Meyerson, und das Rateteam mußte herausfinden, was er tat. Mrs. Meyerson war in der Lage, ein Gedicht zu „hören", das durch die Elektroden des Neurophons übertragen wurde. Das Gedicht war zuvor von Andy Griffith auf Band aufgenommen worden. Da das Gedicht nur von Mrs. Meyerson wahrgenommen wurde, konnte das Rateteam nicht herausfinden, was eigentlich vorging. Als Folge dieses Fernsehauftritts erhielt Flanagan mehr als eine Million Briefe und Telegramme zu seinem Gerät.

Nach der Show lernte Patrick den Forscher Andrija Puharich kennen. Dr. Puharich lud Flanagan und G. Harry Stine – ein Wissenschaftler, der für die Huyck Corporation arbeitete –, zum Essen ein, um über das Neurophon zu diskutieren. Puharich verfolgte ein ähnliches Patent wie Flanagan, und er versuchte dem jungen Kollegen Informationen zu entlocken. Später sollte Flanagan Puharich gerichtlich wegen der Rechte an der Idee verfolgen. Doch die Aktenlage war klar: Flanagan hatte das Patent zuerst beantragt.

Direkt nach seinem Auftritt bei Gary Moore wurde Flanagan von der Huyck Corporation kontaktiert – einem Forschungsunternehmen, das zu einem sehr mächtigen holländischen Konzern der Papierindustrie mit Dependencen in aller Welt gehörte. Er nahm dort einen Beratervertrag während der Sommerferien an und arbeitet mit der Firma daran, weitere Untersuchungen zu seiner Erfindung durchzuführen. Die Firma war in der Lage, die Wirksamkeit des Neurophons zu verifizieren.

Während Flanagan für die Huyck Corporation arbeitete, lernte er eine Reihe anderer Wissenschaftler kennen, die einen tiefen Einfluß auf seine zukünftigen Forschungsrichtungen haben sollten: Dr. Henri Marie Coanda, den „Vater der Flüssigkeitsdynamik“, und den Wissenschaftler und Autor Harry Stine. Letzterer schrieb später ein Buch über den potentiellen Nutzen des Neurophons als Schnittstelle zwischen Mensch und Computer. Das Buch hieß *The Silicon Gods* (Die Siliziumgötter) und erschien bei Bantam Books in New York.

Trotz des Nachweises der Wirksamkeit des Neurophons wurde das Forschungsprojekt bei Huyck wegen Schwierigkeiten mit dem Patentamt wieder fallengelassen.

Kampf mit dem Patentamt

Der Kampf mit dem U.S.-Patentamt war die erste Schlacht, die Patrick Flanagan schlagen mußte, um sein Neurophon in Produktion zu bringen. Mit Hilfe eines Freundes, einem Patentanwalt für die Shell Oil Company, zeichnete Flanagan seine eigenen Diagramme, schrieb seinen Patentantrag und legte ihn vor. Leider bereiteten die Patentprüfer dem jungen Erfinder Probleme, selbst als seine Erfindung weithin bekannt wurde. Die Prüfer behaupteten, das Gerät könne niemals funktionieren, und sie weigerten sich, das Patent zu erteilen. Unter anderem beanstandeten sie, die Erfindung sei nicht wirklich das, was Flanagan beschrieben habe. Sie sagten, das Phänomen, das er beobachte, sei das Resultat alten unpatentierten Wissens um die Knochenresonanzübertragung (Knochenleitvermögen). Die Ablehnung des Patentes führte zu einem über die Post ausgetragenen Papierkrieg. Am Ende schien alles vergebens, denn der Antrag wurde abgelehnt und die Akte „dauerhaft“ geschlossen.

Aus Wut und Verzweiflung flog Flanagan mit seinem Anwalt und einem Arbeitsmodell des Gerätes nach Washington D.C.. Obwohl die Akte geschlossen worden war, erklärte sich der Prüfer bereit, das Duo anzuhören und über das, was es zu präsentieren hatte, nachzudenken. Und er hatte eine Überraschung für Flanagan auf Lager. Um die Erfindung zu testen, hatte der Prüfer einen tauben Angestellten zu dem Treffen geladen. Der Herr war auf einem Ohr gänzlich nerventaub und fast völlig taub auf dem anderen. Flanagan schloß den Mann an das Neurophon an und legte eine Opernarie mit Maria Callas auf.

Als das Gerät aktiviert wurde und die Musik zu spielen begann, saß der Mann zunächst still da, und dann begannen Tränen sein Gesicht hinabzuströmen. Die Freude brach durch, als ob er neu geboren worden wäre. Er konnte die Opernstimme klar und deutlich hören. Der Mann liebte Opern, hatte aber nicht das Vergnügen gehabt, die Töne zu hören. Nur schwach erinnerte er sich noch von früher daran. Dann, dort in diesem tristen Büro, spielte die feste, klare und durchdringende Stimme lebhaft in der neuen Schwingung des Neurophon-Klangs in seinem Kopf.

Als Folge dieses Vorfalls und in einer höchst ungewöhnlichen Serie von Ereignissen wurde die Akte wieder geöffnet und das Patent erteilt. Bis zu dieser Zeit hatte das Patentamt noch nie eine Akte wieder geöffnet, nachdem sie offiziell geschlossen worden war. Der Antrag wurde nun schnell vorangetrieben und das Patent für das erste Neurophon am 16. Juli 1968 unter der Nummer 3.393.279 erteilt. Über die Anwendungsbereiche der Erfindung schrieb Flanagan in der Patentschrift:

„Die vorliegende Erfindung kann als Hörhilfe benutzt werden, als Hilfsmittel, um einer von Geburt an tauben Person das Sprechen beizubringen, als Kommunikationsmittel zwischen Personen an Orten, an denen ein hoher Geräuschpegel herrscht, als Gerät, mit dem jemand einem Audiosignal zu lauschen vermag, das von anderen nicht gehört werden kann, etc.“[5]

Das Neurophon der zweiten Generation

Die Arbeit an der nächsten Generation des Neurophons begann 1967, als Flanagan 23 Jahre alt und an der Tufts-Universität als Forschungswissenschaftler angestellt war. Während er dort arbeitete, fungierte er gleichzeitig als Vizepräsident der in Boston ansässigen Firma Listening Incorporated und war dort verantwortlich für die Forschung. Listening Incorporated unterstand der Teststation der U.S.-Marine außerhalb von China Lake, Kalifornien. Die Navy hatte diese Firma unter Vertrag genommen, um eine Reihe von Technologien zu entwickeln, einschließlich Systeme zur Übersetzung von menschlicher Sprache in die Sprache der Delphine, worauf wir in Kapitel 3 noch ausführlicher eingehen werden. Der wissenschaftliche Leiter des Projekts war Patricks Freund und damaliger Geschäftspartner Dr. Dwight Wayne Batteau, ein Professor für Physik und Maschinenbau an der Harvard- und der Tufts-Universität.

An der Tufts-Universität fuhr Flanagan fort, seine Ideen zu entwickeln. Er entschlüsselte dort intelligente Sprachmuster – wie sie im Gehirn von Menschen und Delphinen repliziert werden –, um Computerprogramme zu entwickeln, sie zu analysieren und zu simulieren. Bei seiner Forschung entdeckten Flanagan und seine Mitarbeiter, wie das Gehirn Gegenstände im dreidimensionalen Raum ortet, so daß man einen Ton auch dann lokalisieren kann, wenn man nicht sieht, woher er kommt. Indem sie dieses Konzept umkehrten und Klänge entsprechend kodierten, fanden sie eine Methode, Töne an Orte innerhalb des dreidimensionalen Raums zu projizieren. Auf diese Weise war es ihnen sogar möglich, die Richtung des Tons zu rekonstruieren, so daß der Klang eines Orchesters in seiner vollen Bandbreite und Klangtiefe wahrgenommen werden konnte, als ob der Zuhörer vor einem echten Orchester stünde. Eine völlig andere, holographische Form der Klangprojektion war entdeckt worden.

Diese Tontechnik und die damit zusammenhängende Forschung führte zu einem besseren Verständnis der zeitlichen Verhältnisse beim Spracherkennungsvorgang im Gehirn. Auf dieser Basis wurde die Entwicklung eines digitalen Neurophons möglich.

Das neue digitale Neurophon produzierte den ultimativen Ton – einen Ton im Inneren des Kopfes mit einer optimalen, präzisen Klangwiedergabe. Der Ton konnte durch das Energiegitternetz des menschlichen Körpers sowohl dekodiert als auch projiziert werden. Das Gerät ist dabei direkt an das neurale Netz, das den menschlichen „Computer" bildet, angeschlossen, und zwar so, daß Information direkt ins Langzeitgedächtnis projiziert wird. Wie viele Benutzer des Neurophons bestätigten, ist diese Langzeitspeicherung bereits nach nur einer Anwendung möglich.

Am 29. August 1968, einen Monat, nachdem das erste Patent endlich erteilt wurde, beantragte Patrick Flanagan ein zweites Patent zum Neurophon. Es schuf die Grundlage für eine unglaubliche Kombination: die Konstruktion eines digitalen, selbstjustierenden Echtzeit-Feedback-Gerätes. Dieses übertrug einen verschlüsselten Ton ans Gehirn, der dort wieder entschlüsselt und erkannt wurde. Das neue Patent lieferte den notwendigen Bestandteil, der erforderlich war, um das Neurophon in Produktion zu bringen.

Konfiszierung von geistigem Eigentum: Die Sicherheitsverordnung

Patrick ging davon aus, daß das neue Patent schnell erteilt werden würde; statt dessen stand er seinem bis heute größten Hindernis gegenüber: Die Defense Intelligence Agency (militärischer Geheimdienst) beschlagnahmte die Patentinformation. Die offizielle Benachrichtigung, daß der Patentantrag mit einer Geheimhaltungsverfügung versiegelt worden war, wurde Flanagan am 25. April 1969 zugestellt. Dies verzögerte die Patenterteilung bis zum 7. März 1972. Nach dem ersten Patent hatte sich die Defense Intelligence Agency von der Wirksamkeit des Neurophons überzeugt, und wie es scheint, sah sie geheime Anwendungen für diese Technologie voraus. Die

Nummer der Geheimhaltungsverfügung aus dem Jahre 1969 war 756.124, was darauf hindeutete, daß es bereits über eine dreiviertel Million Konfiszierungen von geistigem Eigentum durch die U.S.-Regierung gegeben hatte.

Die Sicherheitsverordnung verbot Patrick, über die Technologie zu reden, die Idee zu bewerben oder weiter an der Erfindung zu arbeiten. Diese Restriktionen werden vom Justizministerium der Vereinigten Staaten verfügt.

Die Verschlußverfügung über das Patent war unglaublich quälend. Der 24jährige Erfinder hatte so lange dafür gearbeitet, seine erste Idee patentiert zu bekommen. Er hatte gegen das Patentamt gekämpft, einen Prozeß wegen Patentverletzung geführt, und nun kam eine Sicherheitsverfügung, die ihm verbot, an der Erfindung zu arbeiten oder auch nur über sie zu reden. Der Kampf um die Rechte an seinem Werk dauerte fünf Jahre und beschäftigte drei Anwaltskanzleien, bis die Regierung die Verordnung widerwillig zurückzog. In der Zwischenzeit war ein Großteil des Enthusiasmus des Erfinders für das Neurophon verflogen, und er war zu anderen Projekten übergegangen.

Eine der Anwendungen, nach der die Regierung wahrscheinlich suchte, betraf die Kontrolle menschlichen Verhaltens. Damals war die Regierung über die CIA damit beschäftigt, Technologien zur Verhaltensänderungen an Amerikanern und anderen zu testen.[6] Die CIA entwickelte Methoden zur geistigen Kontrolle durch Einsatz von LSD, Hypnose und andere Mittel. Höchstwahrscheinlich sah sie in dieser neuen elektronischen Technologie eine weitere Möglichkeit der geistigen Beeinflussung. Denn zur selben Zeit waren die U.S.-Geheimdienste mit grundlegenden Untersuchungen zu dieser Art von Technologie beschäftigt.

Nachdem der berühmte Watergate-Einbruch mit Hilfe damaliger CIA-Verfahren bewerkstelligt worden war, wurde eine

Sonderuntersuchung über die Aktivitäten dieser Einrichtung angesetzt. Die Untersuchungskommission für CIA-Aktivitäten innerhalb der Vereinigten Staaten wurde unter dem Vorsitz von Nelson A. Rockefeller gegründet.

Im Bericht der Kommission hieß es, die CIA sei neben dem Einsatz von LSD an ahnungslosen Amerikanern auch in andere Aktivitäten verwickelt. „Das Drogenprogramm war Teil eines viel größeren Programms, um mögliche Mittel zur Kontrolle menschlichen Verhaltens zu erforschen. Andere Studien untersuchten die Auswirkungen von Strahlung, Elektroschocks, Psychologie, Psychiatrie, Soziologie und Substanzen zur Zermürbung.“[7]

Die Vereinigten Staaten hatten während des Vietnam-Krieges ein elektronisches Gerät zur Gehirnmanipulation namens „Lida-Maschine“ erbeutet. Die Lida-Maschine wurde von Vertragswissenschaftlern der U.S.-Regierung untersucht und für wirksam befunden, Gehirnwellen auf ein bestimmtes Muster und eine bestimmte Frequenz einzuschwingen. Seit den sechziger Jahren war man auf der Suche nach einem externen elektronischen Gerät, um die Gehirntätigkeit auf eine Weise zu stimulieren und zu kontrollieren, die es dem Bediener ermöglicht, den Geisteszustand eines Menschen zu verändern. Heute steht ein Teil dieser Technologie sogar Laien in Form von Apparaten zur Verfügung, die durch Licht, Ton und elektrische Stimulation die geistige Leistungsfähigkeit von Menschen steigern.

Das von den Sowjets produzierte Gerät, die Lida-Maschine, versetzte Gefangene bei Verhören auf elektronischem Wege in einen Trancezustand. Die Idee des elektronischen Verhörs war für die U.S.-Geheimdienste von großem Interesse, und man hielt das Neurophon für einen wesentlichen Bestandteil dieses neuen Technologiezweiges.

In der Tat bestätigten spätere Forschungen des international bekannten Psychologen Dr. Eldon Taylor, daß durch den Einsatz des Neurophons Bewußtseins- und Verhaltensänderungen möglich sind.[8] Taylor arbeitete als Hypnosespezialist in der forensischen Abteilung der Justizvollzugsanstalt von Salt Lake City. Er gründete die Firma Progressive Awareness Research, Inc., und ihm wurde erlaubt, im Staatsgefängnis von Utah einige Experimente zur subliminalen Verhaltensänderung durchzuführen. Die subliminale Verhaltensänderung umfaßt den Einsatz von Botschaften, die bewußt nicht hörbar sind. Taylor fand heraus, daß das Neurophon extrem wirkungsvoll war, wenn die Lautstärke am Gerät unterhalb des hörbaren Bereichs eingestellt war. Er sagte:

„In jedem Fall, in dem wir das Neurophon auf unterschwelligem Niveau verwendeten, wurde auf die Botschaft folgerichtiger reagiert als bei Anwendung irgendeines Typs hörbarer Kommunikation, einschließlich der Hypnose."[9]

In den Vereinigten Staaten ist die Regierung in der Lage, geistiges Eigentum ohne eine angemessene Entschädigung zu konfiszieren, obwohl die U.S.-Verfassung dies verbietet. Laut Verfassung darf die Regierung Eigentum nur unter äußerst begrenzten Umständen und nur nach einer fairen und gerechten Entschädigung beschlagnahmen. Diese konstitutionellen Bestimmungen waren eine Reaktion auf die Mißbräuche der britischen Truppen vor dem Unabhängigkeitskrieg, die das Eigentum von Farmern für militärische Zwecke beschlagnahmten, ohne sie dafür zu entschädigen. Die Eigentümer wurden als Diener der Krone behandelt, und diese Art von Mißbrauch durch die britische Regierung war einer der Faktoren, die zum Unabhängigkeitskrieg beitrugen.

Im Technologiezeitalter ist das Farmeigentum nicht mehr das Problem; es geht heute auch um das geistige Eigentum von Menschen, die den neuen Geist der Veränderung repräsentieren. Wissen ist Veränderung. Die Rede-, Presse- und Glaubensfreiheit sind fundamentale Menschenrechte, und doch kann in Amerika Eigentum nach der nationalen Sicherheitsverordnung ohne einen fairen Regreßanspruch des Erfinders konfisziert werden. Während sich das „Eigentum des Geistes" in zweihundert Jahren geändert hat, ist das Eigentumsrecht gleich geblieben. Wo zieht die U.S.-Bundesregierung die Trennlinie? Warum sollte Menschen das Recht verweigert werden, ihrem Erfindungsreichtum freien Lauf zu lassen und über dessen Resultate selbst zu verfügen?

Seit dem Zweiten Weltkrieg hat die U.S.-Regierung das geistige Eigentum anderer zunehmend für sich beansprucht, was bedeutende Härten für die Erfinder zur Folge hatte und der Welt den Zugang zu den Früchten ihrer eigenen menschlichen Kreativität genommen hat. Die immer häufiger werdenden Beschlagnahmungen von Wissen im Namen der „nationalen Sicherheit" gehen weit über das hinaus, was man vor zweihundert Jahren jemals für möglich gehalten hatte. Die Vorstellung, daß das „Denken" selbst von der Regierung konfisziert werden würde, wurde im Bewußtsein derer, die unsere heutige Staatsform begründeten, nie vorausgesehen oder als Möglichkeit in Betracht gezogen. Tatsächlich war die Freiheit, Gedanken zu äußern, zu glauben, auszudrücken und zu verbreiten, der fundamentalste Aspekt unseres Gesellschaftssystems, wie es in der republikanischen Demokratie Amerikas an Beispielen illustriert wurde. Diese Konfiszierungen geistigen Eigentums stellen unerhörte Beschneidungen dieser Grundrechte dar, die aus der enormen Macht der Regierung erwachsen, welche häufig eher zum Nachteil statt zum Vorteil der Menschheit eingesetzt wird.

Wissen sollte nicht zurückgehalten werden, wenn es dem Wohle der Allgemeinheit dient. Die Interessen der nationalen Sicherheit müssen abgewogen werden. Die Frage, die gestellt werden muß, lautet: Wessen Interessen dient es, diese Art von Wissen zurückzuhalten? Und wer ist diese nicht gewählte, nicht ernannte Gedankenpolizei, die über den Intellekt kreativer Menschen wacht? Die Beschränkung geistigen Wissens ist ein moderner Auswuchs der Paranoia des Kalten Krieges.

Nur allzu oft ziehen wir künstliche Grenzen zwischen interaktiven menschlichen Tätigkeiten wie dem Betreiben von Wissenschaft und Politik, als ob sie lediglich abgeschlossene Welten für sich selbst wären, während in Wirklichkeit alle Dinge miteinander zusammenhängen. Für die Regierung ist es relativ leicht, auf ein paar entrechteten Erfindern herumzutrampeln, die entweder für die Regierung arbeiten können oder aber einen schier endlosen Hürdenlauf über Schikanen aller Art auf sich nehmen müssen, die ihnen übermäßig aggressive Bürokraten in den Weg stellen. Die Regierung kann mit diesen Ungerechtigkeiten fortfahren, weil das Gros der amerikanischen Bevölkerung es nicht als *ihr* Problem betrachtet. Was bedeutet es also, wenn ein paar unabhängigen Wissenschaftlern die Hände gebunden werden und sie ihre Ideen nicht verwirklichen und den Menschen verfügbar machen können? Lerntechnologien, Heilverfahren und anderes Wissen zurückzuhalten, das den Zustand der Menschen verbessern kann, ist ein betrügerischer Akt gegen den menschlichen Geist und eine demokratische Lebensweise.

Wissen ist Freiheit, und die Freiheit, etwas zu schaffen, ist eine Grundlage der Demokratie. Überdies könnte die Konfiszierung von geistigem Eigentum zwecks Anwendung für militärische Zwecke dem religiösen oder philosophischen Glauben eines Erfinders in bezug auf Krieg und menschliches Zusammenwirken zuwiderlaufen. Hat die Regierung das Recht, einem Erfinder sein Eigentum wegzunehmen und es für militärische Anwendungen einzusetzen, wenn die Philosophie des Erfinders diese Art von Nutzung verbietet? Mit welchem Recht beschlagnahmt die Regierung, was andere geschaffen haben, und hindert den Erfinder daran, seine Ideen zu entwickeln?

Die Auswirkung auf die Gesellschaft ist tiefgreifend. In Bereichen, in denen es an der Zeit ist, sich technologisch weiterzuentwickeln, sind wir als Gesellschaft gezwungen abzuwarten, bis die Regierung befindet, daß das Wissen entweder zur Anwendung „geeignet" ist, oder bis es genügend verbreitet wurde, so daß sich das weitere Leugnen der Information nicht länger lohnt. In der Zwischenzeit wird die weitere Entwicklung für den Urheber der Ideen verzögert, auf unbestimmte Zeit aufgeschoben oder zunichte gemacht; dies war beim Neurophon fast der Fall.

Der neue Entwurf

1974, zwei Jahre, nachdem Flanagan sein Buch *Pyramid Power* geschrieben hatte, verbrachte er die Nacht in der Königskammer der Großen Pyramide von Gizeh in Ägypten. In dieser Nacht hatte er ein Erleuchtungserlebnis. Dabei erfuhr er unter anderem eine Freisetzung der vollen Kundalinikraft, wie dies in den Yogabüchern beschrieben wird. Dieses Erlebnis half ihm, sein Patent zur Sprachverarbeitung mit dem Neurophon zu verbinden. Ihm kam die Idee, daß dies der perfekte Neurophon-Schaltkreis sein könnte. Als er es ausprobierte, funktionierte es.

Das Ergebnis war die Entwicklung eines Neurophons, das keine Radiofrequenz-Trägerwelle mehr benötigte. Das neue Gerät funktionierte so gut, daß eine Spannung von nur 5 Volt im Gehirn ein Signal erzeugte, das genauso laut war wie das, das das alte Gerät bei einer Spannung von 3 000 Volt produziert hatte.

Die zweite Generation des Neurophons wurde aus einem amplituden-modulierten Vakuumröhrenoszillator mit variabler

Frequenz gebaut. Dessen Ausgangssignal wurde in einen Hochfrequenztransformator eingespeist, der im 20-100 Kilohertzbereich arbeitete. Die Elektroden wurden am Kopf befestigt, und der Oszillator wurde auf maximale Resonanz eingestellt. (Spätere Modelle hatten eine eingebaute Feedbackschleife, die die Frequenz automatisch auf Resonanz einstellte.)

Flanagan hatte festgestellt, daß die dielektrische Konstante der menschlichen Haut hochgradig variabel ist; für eine maximale Energieübertragung von den Elektroden mußte die Anlage ständig nachjustiert werden, um sich der dynamischen elektrischen Reaktion des Körpers des Benutzers anzupassen. Die neue Geräteversion war deshalb selbstjustierend, d.h., sie paßte sich den elektrischen Eigenschaften der Haut an und ermöglichte so eine maximale Klangübertragung.

Beim Neurophon der zweiten Generation wurde eine Trägerwelle mit einer Amplitudenmodulation von 2 000 Volt von Signalspitze zu Signalspitze mit dem Körper verbunden, wobei eine scheibenförmige Elektrode mit einem Durchmesser von fünf Zentimetern verwendet wurde, die mit Kunststofffilmen unterschiedlicher Dicke isoliert worden war.

Grundsätzlich ist das Neurophon ein Skalarwellengenerator. Die Signale aus jeder Kondensatorelektrode sind um 180 Grad phasenverschoben. Jedes Signal wird in die komplexe Dielektrik des menschlichen Körpers übertragen, wo es gemischt wird und eine Phasenlöschung stattfindet. Das Endresultat ist ein Skalarvektor.

Das Neurophon der zweiten Generation mit seiner Amplitudenmodulierung war im Vergleich zu seinem Vorgänger ein unglaublicher Fortschritt. Es produzierte eine ausgezeichnete Klangqualität und wurde an mehr als 1 000 Menschen getestet, auch an einigen Ertaubten. Die Ergebnisse waren erstaunlich. In einigen Fällen konnte der Benutzer allerdings aus bisher unbekannten Gründen mit dem Gerät erst nach mehrmaligem Gebrauch in kurzen Sitzungen etwas hören. Es ist unklar, warum manche Menschen diese „Eingewöhnungsphase“ brauchen, doch höchstwahrscheinlich muß das Nervensystem erst „lernen“, mit dem Gerät zu hören, um die Nervenbahnen von der Haut zum Gehirn aufzubauen und die neue Art von Impulsen zu entschlüsseln.

Das Neurophon hat zwei Wirkprinzipien: Zuerst wird Klang durch das Neurophon bearbeitet und dann mittels einer Trägerwelle im Ultraschallbereich und Hautelektroden übertragen. Sehen wir uns beide Wirkprinzipien näher an.

Verschlüsselung von Sprache in Wellenform

Das zweite Patent erklärte ausführlicher, wie die Erfindung funktioniert und was mit der Technologie möglich sein könnte. In der Patentschrift sagte Flanagan:

„Diese Erfindung bezieht sich ganz allgemein auf die elektronische Verarbeitung von Sprache und ganz besonders auf eine Methode und ein System zur Vereinfachung der Sprachwellenform, um die Übertragung von Sprache durch verschiedene Medien zu erleichtern, ohne die Verständlichkeit wesentlich zu beeinträchtigen.“[10]

Im allgemeinen stellt man sich Sprache nicht als eine „Wellenform“ vor. Tatsächlich denken wir nicht großartig darüber nach, was Sprache überhaupt ist. Flanagans Erfindung vereinfachte die Wellenform auf eine Weise, die eine klare Übertragung über bedeutende Entfernungen durch Luft, Wasser oder Land ermöglichte. Diese Übertragungstechnologie war nicht nur für herkömmliche Kommunikationssysteme wie Lautsprecheranlagen, Funk-, Radio- oder sonstige Sendesysteme bedeutsam, sie erweiterte auch die potentiellen Möglichkeiten des Neurophons, oder vielmehr war dieses zweite Patent erst der Schlüssel zu einer erfolgreichen Neurophon-Technik. In Flanagans Patentschrift heißt es weiter:

„Beim Prozeß der menschlichen Spracherzeugung bringt der Kehlkopf eine Reihe von Tonimpulsen hervor, die im oberen Rachen und in der Mundhöhle widerhallen und gestaltet werden. Die Frequenz der vom Kehlkopf erzeugten Impulse bestimmt in erster Linie die Frequenz oder Höhe des Tons, während die Form der Mundhöhle den Ton zurückwirft und formt, um die Sprachinformation hervorzubringen. Die daraus resultierende Sprachwellenform ist sehr komplex und hochgradig redundant. Wenn man solch eine Wellenform durch einen Bandpaßfilter mit einer Bandbreite von deutlich weniger als 3 000 Zyklen pro Sekunde schickt, wird die Sprache unverständlich. Somit erfordern selbst die einfachsten Kanäle zur Sprachkommunikation eine substantielle Bandbreite. Bis heute wurde allgemein angenommen, daß die Sprachinformation in der Amplitude und der Frequenzmodulation der Sprachwellenform enthalten sei. Wenn Stimmklänge in ein Gefäß mit Wasser oder in die Erde geleitet werden, dann machen Reflektionen die Sprache schon über relativ kurze Übertragungswege unverständlich. Außerdem hat die vollständige Sprachwellenform das Verschlüsseln oder die unregelmäßige Ausbreitung – um die Übertragung entweder durch elektromagnetische, elektrische oder Druckwellen sicherzustellen – so unpraktisch gemacht, daß sie nur sehr selten eingesetzt wird.“[11]

Einfach ausgedrückt, bezog sich das Patent auf ein System, das Sprache in eine Wellenform umwandelt, die über lange oder kurze Entfernungen durch verschiedene Medien vollständiger und leichter übertragen und dann empfangen und in den Originalton zurückverwandelt werden kann.

In einer vertraulichen Erklärung zur Erfindung, die dem Patentantrag beigefügt war, wurde die Erfindung als ein „Rechteckwellen-Sprachdigitizer“ bezeichnet und folgendermaßen beschrieben:

„Diese Erfindung ist eine Digitalisierungstechnik, die der gesprochenen Mitteilung bei gleichzeitiger Beibehaltung der vollen Sprachverständlichkeit alle Amplitudenvariationen entzieht, was in einem An-/Aus-Kode resultiert."

„Dieser Kode ist so bemerkenswert, daß er ohne weitere Bearbeitung voll verständlich bleibt, obwohl er auf einem Oszilloskop als eine Reihe von Rechteckwellen erscheint ... zum Beispiel kann er auf eine beliebige Anzahl von mechanischen Umwandlungssystemen übertragen werden, die gewöhnlich für Sprache benutzt werden, und dennoch behält der Kode seine volle Verständlichkeit."

„Dieses System vereinfacht also die Sprache selbst, die vereinfachte Sprache kann mit großer Leichtigkeit sehr viele Aufgaben bewältigen, die normalerweise sehr komplexe Geräte erfordern ... Ein paar Beispiele sind: zu 95 Prozent effiziente Verstärker, Radiowellenmodulatoren, Systeme zur Kommunikation unter Wasser, zu 100 Prozent effiziente Lasermodulatoren, Funksysteme mit sehr enger Bandbreite und durch Spracheingabe gesteuerte Maschinen."

Dieses zweite Patent war der Schlüssel zur modernen Version des Gerätes. Ferner lieferte es die grundlegenden Elemente, die nötig waren, um zukünftige Spracherkennungssysteme für Computer zu schaffen – eine Technologie, die sich heute, Ende der Neunziger, dreißig Jahre später also, gerade erst entwickelt. Gleichzeitig lieferte die neue Erfindung die Basis für eine Reihe von Sprachverschlüsselungssystemen, die dazu dienen, Funkübertragungen abhörsicher zu machen.

Ultraschallwahrnehmung über die Haut

Ein Team von Wissenschaftlern der Universität von Virginia konnte zeigen, daß alle Menschen in der Lage sind, Ultraschallwellen zu hören, wenn diese Schallwellen durch direkte Kontaktschwingung an den Körper übertragen werden. Die obere Hörgrenze für durch die Luft übertragene Schwingungen liegt bei ca. 24 000 Hertz (Schwingungen pro Sekunde). Durch den Alterungsprozeß verringert sich mit den Jahren die Frequenzwahrnehmung im oberen Bereich zunehmend.

Dr. Martin Lenhardt und seine Kollegen konnten zeigen, daß normal hörende und auch taube Menschen Frequenzen im Bereich von 28 000 bis 100 000 Hertz wahrnehmen, sofern diese mittels eines am Körper angebrachten Hautresonators übertragen werden.

Dieser Versuch zeigte auf, daß es zwei separate Hörkanäle in das Gehirn gibt. Ein Kanal überträgt gewöhnliche Tonfrequenzen im Bereich von 20 bis zu 20 000 Hertz. Dieser Kanal leitet Hörschall in die Cochlea (das Innenohr) durch die Luft oder durch Knochenleitung. Knochenleitung funktioniert durch das Senden mechanischer Schwingungen über kleine Knochen am Trommelfell.

Der zweite Hörweg, von Flanagan im Jahre 1958 entdeckt, wurde von Lenhardt und seinen Kollegen 1991 wiederentdeckt. Der zweite Kanal leitet Ultraschallwellen durch Knochen, Körperflüssigkeiten und/oder durch die Haut zu einem neu entdeckten alternativen Hörorgan.

Der Artikel von Lenhardt und seinen Kollegen mit dem Titel „Human Ultrasonic Speech Perception“ (Ultraschall-Spracherkennung beim Menschen) in der Ausgabe der Zeitschrift *Science* vom 5. Juli 1991 wirft Licht auf den physikalischen Mechanismus, mit dem das Neurophon funktioniert. Lenhardt sagt darin:

„Man glaubt, daß der obere Bereich menschlichen Hörens via Luftübertragung nicht höher als bei 24 000 Hertz liegt. Dennoch hat es Berichte über Menschen gegeben, die gut im Ultraschallbereich hören konnten, jedoch nur, wenn die Ultraschallsignale durch Knochenleitung übertragen wurden.[12]

Weiterhin konnte das Phänomen des Hörens über Ultraschall-Knochenleitung bei vielen Menschen mit unterschiedlichen Hördefekten, einschließlich zentraler Taubheit und Mittelohrdefekten, gezeigt werden."

Lenhardt gibt weiterhin an, Klangwahrnehmungsschwellen-Prüfungen, die bei jungen, älteren und vollständig tauben Menschen durchgeführt wurden, hätten gezeigt, daß „Ultraschall-Wahrnehmungsschwellen" der Knochenleitung im Grunde genommen bei allen drei Gruppen gleich seien. Dies führte die Forscher zu dem Schluß, daß es einen alternativen Hörmechanismus für den Empfang direkt übertragenen Ultraschalls gibt. Wie diese Studie belegt, können vollständig taube Menschen offenbar Klang hören, der im Ultraschall-Frequenzbereich liegt, sofern er über einen Resonator direkt auf den Körper übertragen wird. Bis dahin war nur von Delphinen, Fledermäusen und einigen anderen Tieren bekannt, daß sie im Ultraschallbereich hören können.

Lenhardt et al. postulieren, daß Ultraschallschwingungen von einer winzigen Drüse im Innenohr, dem Sacculus, wahrgenommen werden. Das Sacculus dient lebenden Organismen dazu, die Schwerkraft wahrzunehmen. Es ist mit einer Flüssigkeit gefüllt und hat winzige Haare, die sich bis ins Innenohr erstrecken. Wenn der Kopf bewegt wird, stimuliert die Bewegung der Flüssigkeit die winzigen Haarzellen, die uns mitteilen, ob wir noch aufrecht stehen.

Ein anderer Artikel mit dem Titel *Projections from the Sacculus to the Cochlear Nuclei* (Übertragungen vom Sacculus zum Cochlea-Kern)[13] postuliert, daß die Cochlea ursprünglich aus dem Sacculus entstand und das Sacculus als ein primitives Hörorgan bei bestimmten Tieren dienen kann. Zum Beispiel scheint bei Fischen das auf Hörschall reagierende Organ das Sacculus zu sein. Die Autoren gehen so weit zu behaupten, das Sacculus könne bei Reptilien, Vögeln und Säugetieren (und auch bei Menschen) eine zweifache Funktion als Hörschall- und Schwerkraftsensorium haben.

Ohne Augen sehen

Wie Patrick Flanagan bei seiner Arbeit feststellte, rief die Anwendung des Neurophons auch einige unerwartete visuelle Bilder hervor, wenn die Elektroden über den hinteren Großhirnbereich angebracht und aktiviert wurden. Dies deutet darauf hin, daß sich zukünftig auf diesem Wege vielleicht ganz gezielt visuelle Bilder erzeugen lassen. Die Idee, eine Vorrichtung für ein visuelles Neurophon zu finden, hat der Erfinder nicht vergessen, und sie ist Gegenstand seiner weiteren Forschung. Möglicherweise lassen sich visuelle Bilder auch auf anderen Wegen als über den optischen Eindruck des Auges hervorrufen.

Vor rund 100 Jahren beschäftigte sich bereits der deutsche Chemiker Karl Freiherr von Reichenbach mit der Möglichkeit, ohne die Augen zu sehen. Er arbeitete mit sensitiven Personen, die angeblich in stockfinsteren Räumen eine Kraft sehen konnten, die von Kristallen und anderen Objekten ausstrahlte: „Da ist eine blaue Stange, die sich kühl und angenehm anfühlt, und eine orangerote, die Wärme besitzt, eine widerliche, laue Wärme", berichteten sie. Von Reichenbach nannte diese unbekannte Ausstrahlung „odische Kraft".[14]

Wie die jüngste Forschung gezeigt hat, sind bei Blinden, die Braille (Blindenschrift) benutzen, die stimulierten Bereiche des Gehirns eher mit dem Sehen als mit dem Fühlen verbunden. Außerdem erbrachten in der ehemaligen Sowjetunion in den sechziger Jahren durchgeführte Forschungen den Beweis, daß ein System zur visuellen Bilderzeugung über die Haut möglich ist. Dabei wurde mit hoch sensitiven Personen gearbeitet, die in der Lage waren, Objekte, Briefe und sogar Bilder zu erkennen, indem sie ihre Hände als optische Bildscanner benutzten.[15] Bekannt ist, daß es möglich sein kann, den Verschlüsselungsmechanismus des Gehirns zu isolieren, um Bilder auf ganz ähnliche Weise zu erkennen wie die akustischen Impulse des Neurophons.

Trotz all der Verzögerungen und Probleme, die Technologie voranzutreiben, schaffte Patrick es, rund 1 500 Neurophone herzustellen, die er zwischen 1978 und 1979 für 1 000 U.S.-Dollar pro Stück verkaufte. Das Gerät war groß und klobig und der Preis des Gerätes notgedrungen hoch – so hoch, daß es die finanziellen Möglichkeiten eines Durchschnittsbürgers überstieg. Flanagan beschloß, die Produktion des Gerätes solange einzustellen, bis er es zu einem erschwinglicheren Preis anbieten und sicherstellen könnte, daß es so vermarktet würde, wie er sich das vorstellte.

Ausgleichen der Meridiane mit dem Neurophon

Das moderne Neurophon der Neunziger ist ein Gehirn-Biofeedback-Gerät und ein bioenergetischer Signalprozessor. In erster Linie wurde es entworfen, um einen kompakteren und klareren Ton zu liefern und bei gesunden Menschen die Hörreichweite zu verbessern. Doch darüber hinaus eignet es sich zu einer Vielzahl weiterer Anwendungen.

Schon in einem frühen Forschungsstadium wurde entdeckt, daß das Neurophon das energetische System des Körpers ausgleicht. Bei einer nur halbstündigen Anwendung balanciert das Gerät die Akupunkturmeridiane aus, und dieser ausgleichende Effekt hält bis zu zwei Wochen an. Wie man außerdem herausfand, können Menschen mit einem Paar spezieller Elektroden so verbunden werden, daß sie in eine vollkommen harmonische bioenergetische Resonanz gebracht wurden. Diese Verbindung gibt der Idee, „Menschen in perfekte Harmonie zu versetzen“, eine neue Bedeutung.

Anfang der achtziger Jahre schrieb Dr. Sheldon Deal einen Aufsatz mit dem Titel „Meridian Balancing by Use of the

Neurophone" (Ausgleichen der Meridiane mit Hilfe des Neurophons). In einem Experiment überprüfte er bei zehn Personen 240 Meridiane und stellte fest, daß 85,8 Prozent der Meridiane nach einer einzigen kurzen Sitzung mit dem Gerät ausgeglichen blieben. Einige seiner Patienten berichteten über verbesserten Schlaf, totale Entspannung, verbesserte Atmung, bessere Konzentration und Schmerzreduktion. Solche Berichte gehen weiterhin von Benutzern des modernen Gerätes ein.

Ganz ähnliche Erfolge erzielt übrigens auch Dr. Reijo Mäkelä in Finnland. Als ich meinen langjährigen Freund 1994 zu Hause besuchte, zeigte er mir sein Sensorgerät, das er entwickelt hat, um Akupunkturpunkte am menschlichen Körper zu lokalisieren. Sobald er sie geortet hat, setzt er ein Gerät ein, das in Verbindung mit einem Helium-Neon-Laser ein elektrisches Hochfrequenzsignal erzeugt, das durch die Akupunkturpunkte pulsiert, um die Energie im Körper auszugleichen. Diese Methode der Akupunkturbehandlung ist deutlich wirksamer als das Verfahren, das nur mit Nadeln arbeitet. Der Sensor ermöglicht eine präzise Lokalisation der Punkte und stellt die Versorgung und den Ausgleich von Energie sicher.

Mäkelä hat mit diesem System erstaunliche Erfolge erzielt, ja er konnte als unheilbar krank eingestufte Patienten damit heilen. Insgesamt hat er in den letzten zwölf Jahren mehr als 12 000 Menschen auf diese Weise behandelt. Aus Dankbarkeit riefen über 600 ehemalige Patienten in Europa zwei unterstützende Stiftungen ins Leben, die Berichte über Dr. Mäkeläs Arbeit veröffentlichen.

Nachdem ich inzwischen Flanagan und Mäkelä miteinander bekannt gemacht habe, arbeitet Patrick nun an einer Modifizierung von Reijos Erfindung, die die beiden Forscher gemeinsam als ein preisgünstiges Energieausgleichs- und Biofeedbackgerät herausbringen wollen.

Elektronische Telepathie

Ließe sich auf der Basis der Neurophon-Technologie vielleicht auch ein System entwickeln, mit dem ganze Konversationen über größere Entfernungen hinweg möglich wären – elektronische Telepathie also? Seit 1997 untersucht Patrick Flanagan gemeinsam mit dem Physiker, Mathematiker und Biophysiker Dr. Alexander Kaivarainen – dem ehemaligen Leiter des Labors für Molekulare Biophysik am Forschungszentrum der Russischen Akademie der Wissenschaften – diese Möglichkeiten.

In der Tat deuteten einige Versuche mit dem Neurophon darauf hin, daß mit dieser Technologie eine Form der Gedankenübertragung von Mensch zu Mensch möglich ist. Das Thema der geistigen Telepathie zwischen Menschen war Anfang der sechziger und siebziger Jahre sehr umstritten. Bis heute hat es genügend experimentelle Versuche gegeben, um zu beweisen, daß es Telepathie wirklich gibt. Doch konnte bisher nicht gezeigt werden, durch welchen Mechanismus der eigentliche Telepathie-Effekt erzielt wird. Durch eine Umkehr der Bauweise des Neurophons, wodurch es zusammen mit einem anderen als Empfänger dienenden Gerät als Signalabtaster und Sendesystem fungiert, ließe sich möglicherweise ein System zum telepathischen Informationsaustausch entwickeln. Kaivarainen und Flanagan glauben, das Gerät könne vielleicht dahingehend modifiziert werden, diesen Effekt nach Belieben hervorzurufen.

Bisherige Versuche haben gezeigt, daß es möglich ist, durch Einsatz des Neurophons zwei oder mehr Menschen geistig zu verbinden. Auf diese Weise wäre es denkbar, direkt aus dem Geist eines anderen Menschen zu lernen. Es ist bereits mehrere Male gelungen, eine solche geistige Verbindung herzustellen. Dies ist ein vielversprechender Bereich für die zukünftige Neurophon-Forschung. Am besten mag diese Technik funktionieren, wenn man computerisierte Neurophone einsetzt, die sich derzeit noch im Entwicklungsstadium befinden.

Die geistige Verbindung könnte auf verschiedene Weise vorgenommen werden. Die Sowjets haben nachgewiesen, daß ein Elektro-Enzephalogramm mit nur 16 Kanälen das gesamte Bewußtsein eines Menschen aufnehmen könnte. Man brauchte also nur noch über ein Mehrkanal-Neurophon die Daten in den Geist eines anderen einzufüttern. Das Neurophon würde dann zu einem elektronischen Corpus Callosum (das ist die Brücke, die die beiden Gehirnhälften miteinander verbindet) zwischen dem Geist von zwei oder mehr Menschen werden.

Interessant in diesem Zusammenhang ist auch ein als „Schwebungsfrequenztest“ bekanntes Experiment, das Flanagan 1964 im Rahmen des Delphinkommunikationsprojektes der U.S.-Marine zusammen mit Dr. Wayne Batteau an der Tufts-Universität durchführte. Es ist allgemein bekannt, daß zwei geringfügig unterschiedliche Frequenzen eine sogenannte “Schwebung“ erzeugen, sobald sie interagieren. Sobald z.B. ein 300-Hertz- und ein 330-Hertz-Signal gleichzeitig in ein Ohr eingespielt werden, wird eine Schwebung mit der Frequenz von 30 Hertz wahrnehmbar. Dies ergibt sich durch eine mechanische Summierung der Signale in der Knochenstruktur des Innenohres und wird monaurale Schwebung genannt. Es gibt jedoch noch eine andere Art von Schwebung, nämlich wenn Signale im Corpus Callosum in der Mitte des Gehirns zusammentreffen. Dieser binaurale Schwebung genannte Effekt wird vom Monroe-Institut in Virginia und anderen genutzt, um veränderte Bewußtseinszustände im Alpha-, Theta- und sogar Deltawellenbereich zu induzieren.

Alphawellen treten im leicht entspannten Zustand bei geschlossenen Augen auf, während Theta- und Deltawellen hauptsächlich in tiefer Meditation und in diversen Schlafstadien vorkommen. Weiterhin werden sie mit Kreativität, luzidem Träumen und anderen, schwer erreichbaren Bewußtseinszuständen assoziiert. Diese außergewöhnlichen Bewußtseinszustände können gezielt induziert werden, sobald entsprechende binaurale Schwebungen das Gehirn veranlassen, im selben Rhythmus mitzuschwingen (Frequenzfolgereaktion).

Das Neurophon ist ein besonders wirksames Gerät, um diese Art von Frequenzfolgereaktion hervorzurufen. Wenn wir Alpha-, Theta- oder Deltasignale durch das Neurophon einspielen, läßt sich jeder beliebige Bewußtseinszustand induzieren.

Gemäß Batteaus Theorie durften zwei leicht unterschiedliche Signale – wenn eines über das Neurophon und das andere gleichzeitig über einen gewöhnlichen Kopfhörer eingespielt wurden – nicht interagieren, d.h. keine Schwebung im Innenohr erzeugen. Denn diese Schwebung käme ja durch das mechanische Summieren der Signale zustande. Im Test erwies sich diese Theorie anschließend als zutreffend. Zwei Signale konnten gleichzeitig ohne den sonst zwangsläufigen Effekt der Schwebung wahrgenommen werden, wodurch nochmals bewiesen war, daß das Neurophon nicht über Knochenleitung arbeitet.

Die Forscher verwendeten ein Stereo-Neurophon und konnten einen der binauralen Schwebung entsprechenden Effekt im Gehirn erzeugen. Die entstehende Schwebung war jedoch nicht das Resultat einer Knochenleitung, sondern wurde vollständig und ausschließlich im Nervensystem erzeugt.

Wie man heute weiß, ist das Neurophon ein Eingangstor in veränderte Bewußtseinszustände, sofern spezielle, für diesen Zweck bestimmte Signale über das Neurophon eingespielt werden (z.B. Hemi-Sync-Kassetten des Monroe-Institutes).[16] Die vielleicht wirksamste Anwendung des Neurophons liegt im Bereich der direkten Kommunikation mit den Gehirnzentren, weil alle internen „Filter“ und Blockaden vollständig umgangen werden, die üblicherweise die Kommunikation mit unserem eigenen Gehirn erschweren bzw. verhindern. Blockaden und „innere Filter“ werden heute allgemein als die größten Barrieren für positive Veränderung und Konfliktlösung angesehen.

Gehirntraining

Zu den sicherlich interessantesten und grundlegenden Anwendungsmöglichkeiten des Neurophons zählt der Einsatz zur Verbesserung des Lernen und Erinnerns. Es ist bekannt, daß das Gehirn alles Wissen, das es aufnimmt, im Gedächtnis behält, ja selbst völlig belanglose Dinge, von denen wir bewußt gar nichts wissen. Dies wurde an Menschen unter Hypnose demonstriert, die in der Lage waren, sich an die Namen aller Bücher auf einem Bücherregal oder an die Anzahl von Telefonmasten auf ihrem Heimweg von der Arbeit zu erinnern. All die Information ist da – das Problem ist nur, sie wieder abzurufen. Das Neurophon macht es möglich, sich an all die Information zu erinnern, indem es die „normalen“ Systeme umgeht. Es wurde spekuliert, daß das Neurophon vielleicht auch neue Gedankenwege etablieren könnte, die, einmal eröffnet, den Menschen zugänglich bleiben. Dies würde erklären, wie der Effekt des Langzeitgedächtnisses möglicherweise funktioniert.

Als das Neurophon anfangs entwickelt wurde, glaubten Wissenschaftler, die die Physiologie der Nerven studierten, daß das Gehirn mit verschiedenen Nerven und Nervenbündeln fest verbunden sei. Diese Neurophysiologen nahmen deshalb an, das Gehirn sei nur über definierbare lineare Kanäle in der Lage, Sinnesfunktionen zu übernehmen. Sie dachten, der Reiz könne nur über diese Nervenbahnen empfangen, umgewandelt und geleitet werden. Daraus schlossen sie, daß ein Ton nur dann vom Gehirn gedeutet werden könne, wenn er durch den achten cranialen Nerv übertragen werde, der vom Innenohr zum Gehirn verläuft. Heute akzeptieren jedoch immer mehr Wissenschaftler die Theorie von einem holographischen Gehirn – das Gehirn als ein dreidimensionaler Computer, der Daten in verständliche Muster übersetzen kann.

Wenn wir das Erwachsenenalter erreichen, hat das menschliche Gehirn mehr als 100 Milliarden Nervenzellen entwikkelt. Diese schaffen Verbindungen zu anderen Nervenzellen und bilden mehr als 100 Billiarden Schaltkreise aus. Das sind mehr Verbindungen, als es Galaxien im bekannten Universum gibt. Diese Verbindungen schaffen die Potentiale des menschlichen Gehirns. Die Art, wie die Information bei der Errichtung dieser Verbindungen ins Gehirn fließt, ist relevant für unser Verständnis einiger der grundlegenden Möglichkeiten des Gehirns.

Es wurde angenommen, daß die Verbindungen die Folge genetischer Muster seien. Man glaubte, die neuralen Schaltkreise des Gehirns würden durch die Gene festgelegt. An der Bildung des zentralen Nervensystems sind 50 000 Gene beteiligt, was nicht ausreicht, um die komplexen Muster der Gehirnschaltkreise zu erklären. Für ihre Entstehung sind mehr Reize, mehr Quellen nötig. Einige haben nun spekuliert, die äußere Welt – die Umgebung – bilde durch ihre unzähligen Sinnesreize eigentlich diese komplexen Verbindungen. Mit anderen Worten: Die Wechselwirkungen mit Dingen und Lebewesen außerhalb von uns selbst bilden die Basis dessen, was wir sind. Durch diese Netze sind Wahrnehmungen auf vielen Ebenen möglich, und keine zwei Menschen sind auf dieselbe Weise „verdrahtet“.[17]

Der Entwicklungsneurobiologin Carla Shatz von der Universität von Kalifornien in Berkeley zufolge bleibt das Gehirn dort, wo diese Verbindungen auftreten können, formbar. Zum

Beispiel deutet die Forschung, die sie zitiert, darauf hin, daß sich die Sinnesbereiche (Tasten, Sehen, Hören etc.) in der frühen Kindheit entwickeln. Das emotionale limbische System wird um die Zeit vernetzt, wenn das Kind die Geschlechtsreife erreicht, und die Fähigkeit, Intellekt zu entwickeln, nimmt bis zum Alter von etwa sechzehn Jahren weiterhin zu.[18]

Wir wissen auch, daß die Sinnesentwicklung, vor allem die des Tastsinnes, sehr früh im Leben stattfindet. Gerade das Berühren ist für die Entwicklung des Kindes sehr wichtig. Es ist bekannt, daß mit der Ausprägung des Tastsinns das Gefühl einhergeht, sich mit anderen verbunden zu wissen. Kinder sind wesentlich ruhiger und fühlen sich geborgener, wenn sie häufig von Erwachsenen liebevoll berührt werden.[19]

Es bestehen also noch enorme Erziehungspotentiale, wenn wir die Art von Sinnesreizen der tasächlichen Entwicklungsstufe der Kinder anpassen würden. Welche dramatischen Einflüsse eine an Sinnesreizen reiche Umgebung im allgemeinen für die Gehirnentwicklung haben kann, zeigten die argentinischen Forscher Ferchim und Eterovic.[20] Sie waren daran interessiert herauszufinden, ob das Gehirn ein dynamisches und entwicklungsfähiges System sei, das sich verändern und entwickeln könne. Zu ihrem Erstaunen fanden sie heraus, daß sich das Gehirn durch entsprechende sensorische Stimulation bereits innerhalb weniger Sekunden strukturell verändern läßt. Der Bewußtseinsforscher und Autor Michael Hutchison sagt dazu: „Solche strukturellen Veränderungen können dazu führen, daß der Kortex in besserer Weise funktioniert, d.h. zu einem Anstieg der Intelligenz, Kreativität und all der anderen höheren Fähigkeiten, die dem Kortex innewohnen.“[21]

Neue Neuroschaltkreise

Um die Richtung dieser Forschung einschätzen zu können, ist es wichtig, das Konzept der Vernetzung zu verstehen. Die Vernetzung der Schaltkreise im Gehirn ist wichtig, denn wenn die Vernetzung sich nicht ändern ließe, würden viele unserer geistigen Grenzen festgeschrieben bleiben. Es werden zwei Ansätze verfolgt, um die Art und Weise zu beeinflussen, wie das Gehirn Information aufbereitet. Einige setzen chemische Mittel ein, um die Form zu verändern, wie die Schaltkreise im Gehirn die Daten handhaben. Andere Systeme sind elektromechanischer Art und zeigen verbesserte Möglichkeiten auf.

Die Neurophon-Technologie umgeht die vernetzten Neuroschaltkreise und transportiert die Information direkt ins Gehirn, während die Bildung neuer Nevenbahnen und neuraler Verbindungen angeregt wird. Diese neuen Bahnen bieten die Gelegenheit, brachliegende Teile des Gehirns zu revitalisieren, indem sie sie zur Aktivität anregen und die Verbindungen vermehren. Berichte früher Anwender des Neurophons deuten darauf hin, daß genau das geschieht. Mit anderen Worten: Was man auf der Grundlage der Entwicklung in früher Kindheit bisher für „versperrt" hielt, könnte mit dem Einsatz dieser neuen Technologie vielleicht erschlossen werden.

Die Forscherin Patricia Kuhl von der Universität von Washington berichtete, bei Babys im Alter von sechs Monaten seien bereits die „Pläne" dafür angelegt, wie Toninformation durchs Gehirn fließt. Aus ihren Studien schlußfolgerte sie, daß die Vernetzung nicht nur bei Kindern, die in einem mehrsprachigen Umfeld aufwuchsen, anders ist, sondern daß sie auch für Laute, die nicht Teil ihrer Muttersprache sind, „funktionell taub" sind. Der „Schaltplan" für akustische Wahrnehmungen wird im ersten Lebensjahr des Kindes abgeschlossen. Das heißt, die anderen Neuronen, die für das Erlernen von Fremdsprachen zuständig sind, bilden ab dem Alter von zehn keine weiteren Verbindungen mehr aus, was es höchst unwahrscheinlich macht, daß jemand Fremdsprachen später in seinem Leben noch gleich gut erlernen kann.[22] Das Neurophon eröffnet einen neuen Weg, diese Verbindungen anzubahnen und die Potentiale weit über das unter normalen Umständen Mögliche hinaus zu steigern.

Solange es nicht möglich ist, die Bahnen des Informationsinputs zu verändern – mit Hilfe eines Werkzeuges, um neue Schaltnetze zu eröffnen –, ist es schwieriger, neue Informationen aufzunehmen, die wertvoll für das menschliche Wachstum und die geistige Expansion sind. Das Neurophon zieht Nutzen aus alten genetischen Mustern, wodurch neue Informationen ins Gehirn eingefüttert werden können. Die „Fenster"-Perioden, in denen Lernen stattfinden kann, lassen sich für den neuen Einfluß von Daten wiedereröffnen. Beobachtungen von Anwendern bestätigen diese Möglichkeiten.

Die früheren Versionen des Neurophons wurden von einigen Frauen während der Schwangerschaft eingesetzt. Die akustische Information wurde in die Energienetze sowohl der Mutter als auch des Kindes eingespeist – mit tiefgreifenden Resultaten. Diese Frauen berichteten, daß ihre Kinder in ihrer geistigen Entwicklung sehr weit fortgeschritten waren. Hatten sie doch als Embryos Gelegenheit gehabt, unverzerrte Klänge aufzunehmen, bevor sich die Sinnesorgane überhaupt entwickelt hatten. Ehe sie Ohren hatten, wurden ihnen mittels des Neurophons Nervenbahnen geschaffen.

Die Neurophon-Technologie bietet mehr als nur eine Hoffnung für Gehörlose. Sie bietet vielleicht allen, die daran interessiert sind, die Chance, höhere Lernpotentiale zu entwickeln und das Energiesystem ihres Körpers auszugleichen.

Meine Familie war in Alaska mehr als 40 Jahre lang im Bereich der Erziehung tätig. Sowohl meine Mutter als auch mein Vater waren Erzieher, und ich war früher Vorsitzender des Rates für Bildung und Erziehung in Anchorage und des alaskischen und amerikanischen Lehrerverbandes. Mir fiel immer die große Kluft zwischen bereits verfügbaren neuen Technologien und überkommenen Erziehungsmethoden auf. Diese Diskrepanz wirft uns zurück, in einer Zeit, in der das Bedürfnis nach gesteigerter Informationsaufnahme und Merkfähigkeit größer ist als je zuvor. Meine persönliche Verlagerung von der Politik und Erziehung hin zur Forschung, zum Schreiben und zur Wissenschaft war ein Wechsel, von dem ich hoffte, er würde dazu beitragen, diese Art neuer Technologien voranzubringen. Im Zeitalter der Informationsrevolution kann Flanagans Neurophon eine wichtige Rolle spielen.

Der Flanagan Neurophon Thinkman

1996 kam unter der Modellbezeichnung Flanagan Neurophon Thinkman eine Version des Neurophons auf den Markt, die speziell für die Anwendung des beschleunigten Lernens konzipiert wurde. Die piezokeramischen Elektroden übertragen nicht nur Ultraschallsignale für den alternativen Hörweg über das Sacculus (Gleichgewichtsorgan), sondern produzieren durch Demodulation auch hörbaren Schall. Im Sinne von multisensorischem Lernen ist dies vorteilhaft, da das Signal (z.B. von einer Sprachlernkassette) sowohl über die Ohren als auch gleichzeitig über den alternativen Hörweg wahrgenommen und zum Gehirn weitergeleitet wird.

Die elektrische Leistung des Gerätes konnte erheblich vermindert werden. Die gleiche Lautstärke und Klangbrillanz im Gehirn, die bei früheren Versionen mit 3 000 Volt erzeugt wurde, kann heute bereits mit nur 5 Volt wahrgenommen werden. Allerdings müssen die meisten Menschen die piezokeramischen Elektroden im Bereich des Kopfes plazieren.

Erfahrungen mit dem Neurophon in Deutschland

Das Neurophon ist in Deutschland in Gebrauch und konnte zahlreiche Liebhaber gewinnen. Interessanterweise wird es zunehmend von Ärzten, Therapeuten und Seminarleitern eingesetzt. Es ist kein medizinisches Gerät, hat jedoch deutlich balancierende und ausgleichende Eigenschaften. Neben dem Ausgleich der Aktivität der Gehirnhälften (Hemisphärensynchronisation) und der Meridianbalance scheint es allgemein zu sensitivieren und die Wahrnehmung zu erweitern. Ein Anwender berichtete:

„Nach einigen Wochen mit dem Neurophon verwendete ich Industriehörschutz, um zu prüfen, ob der Klang des Neurophons auch wirklich ***in*** meinem Kopf ist. Nach dem erfolgreichen Test mußte ich feststellen, daß ich die sehr leise Musik aus der Stereoanlage trotz des Industriehörschutzes auch über Lautsprecher hören konnte. Es ist, als ob ich den Klang über die Haut aufnehme!"

Ein Paar machte die folgende interessante Erfahrung:

„Wir hörten über mehrere Wochen hinweg täglich gemeinsam eine halbe Stunde mit einem Neurophon, indem wir je eine der zwei Piezoelektroden des Gerätes auf der Stirn plazierten und uns berührten. Im Laufe dieser Zeit wurden wir mehrmals gefragt, ob wir Geschwister seien. Da unser beider Physiognomie zu dieser Vermutung eigentlich keinen Anlaß gibt, blieb nur eine Erklärung: Unsere Ausstrahlung hatte sich durch das Neurophon so stark synchronisiert, daß sie unsere körperliche Erscheinung überlagerte. Wir haben so etwas zuvor noch nie erlebt..."

Der Gehirnforscher Haffelder untersuchte das Neurophon und weist darauf hin, daß es sehr interessante Einsatzmöglichkeiten zur unterstützenden Tinnitustherapie bieten könnte. Im Gegensatz zum Einsatz von Kopfhörern oder Lautsprechern seien die Elektroden des Neurophons in der Lage, die Zellen ganzer Gehirnbereiche in Schwingung zu versetzen. Zur Zeit der deutschen Erstveröffentlichung dieses Buches werden evaluierende Studien in diesem Bereich durchgeführt.

Ein wichtiger Anwendungsbereich ist der Umgang mit künstlich erzeugten elektromagnetischen Feldern, wie sie z. B. durch Haushaltsstrom oder durch Mobilfunkanlagen hervorgerufen werden. Flanagan erklärte hierzu:

„Ein optimal arbeitendes Immunsystem ist der beste Schutz vor den möglichen negativen Auswirkungen technischer Felder. Die ausgeglichene elektrische Aktivität der beiden Gehirnhälften ist immer auch Anzeichen für ein optimal arbeitendes Immunsystem. Das Neurophon synchronisiert die Gehirnhälften und hilft somit, die Auswirkungen durch technische Felder abzuwehren. Die ausgleichende Wirkung des Neurophons hält Stunden und manchmal sogar noch Tage nach der Anwendung an."

Das Neurophon katalysiert einen Transformationsprozeß

Erste Tests, bei denen Hans Christian Seidl vom Institut für Hochfrequenzfotografie Aufnahmen auf Basis einer Weiterentwicklung der Kirlian-Fotografie machte, ergaben, daß das Neurophon bereits nach einmaliger halbstündiger Anwendung in der Lage war, bei einer zufällig ausgewählten Testperson profund und dauerhaft erhebliche energetische Blockaden aufzulösen und eine Bewußtseinstransformation zu katalysieren. Im dargestellten Beispiel hingen die massiven energetischen Blockaden nach Seidls Aussage mit der Lebensaufgabe der Testperson zusammen. Daher war seiner Erfahrung nach in diesem Fall an eine Verbesserung durch technische Hilfsmittel nicht zu denken. Das Neurophon jedoch brachte trotz gegenteiliger Erwartung in nur 30 Minuten einen Prozeß in Gang, der zu einem freien Energiefluß führte. Nach Seidls Einschätzung handelt es sich beim Neurophon daher um ein spirituelles Werkzeug von noch ungeahntem Potential für Transformationsarbeit. Aufnahmen mit Kirlian-Fotografie bestätigten die harmonisierende Wirkung des Neurophons in Form eines

Ausgleichs der linken/rechten und oberen/unteren Körperhälften. Dabei scheinen Art und Lautstärke der übertragenen Klänge weniger bedeutsam zu sein. Höchstwahrscheinlich ist das Übertragungsprinzip an sich hauptsächlich für diese ganzheitliche Harmonisierung verantwortlich.

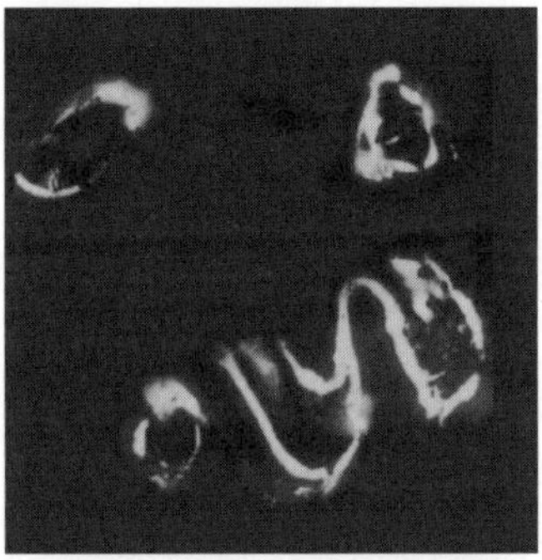

Hochfrequenzaufnahmen einer menschlichen Hand durch H. C. Seidl

Ausgangssituation: *massive energetische Blockaden, die erfahrungsgemäß nur durch Bewußtseinsentwicklung überwunden werden können.*

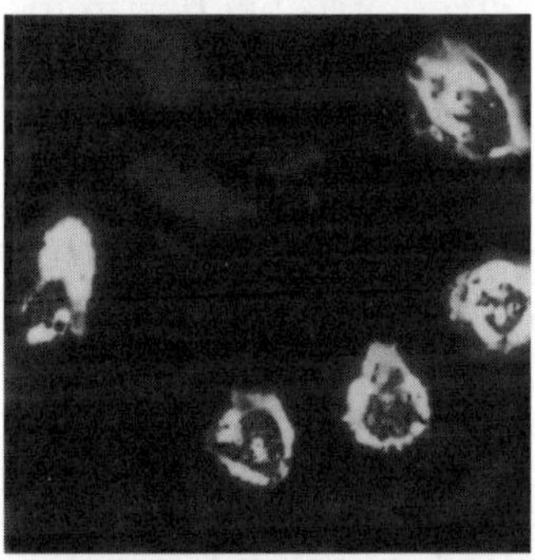

Nach 30-minütiger Anwendung *des Neurophons sind die Blockaden wider Erwarten aufgelöst. Die Energien fliessen frei.*

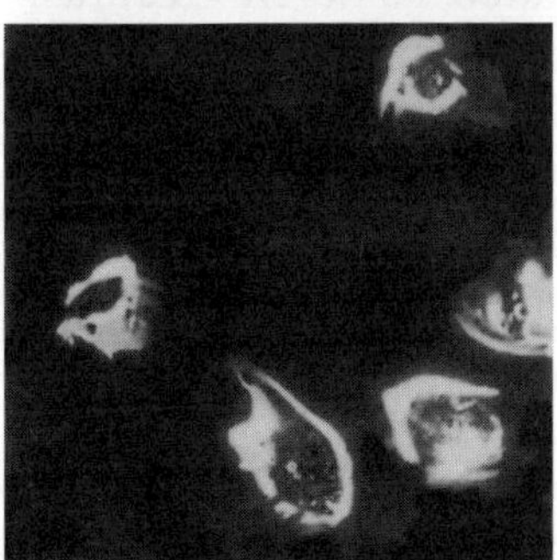

Kontrollaufnahme *nach 24 Stunden: Die von intensiven nächtlichen Träumen begleitete strukturelle Veränderung bleibt stabil.*

Kapitel 3

Kommunikation mit Delphinen

Als Flanagan 20 Jahre alt war, wurde er eingeladen, an einem sehr speziellen Forschungsprojekt der U.S.-Navy teilzunehmen: dem Projekt zur Kommunikation mit Delphinen. Dieses Projekt rief die Navy in den Sechzigern ins Leben, um herauszufinden, ob es möglich sei, ein System zur Kommunikation mit Delphinen einzurichten. Ziel des Projektes war es, ein System zu entwickeln, um die Sprache der Delphine in menschliche Sprache zu konvertieren und dann menschliche Sprache in die der Delphine zu übersetzen, was bei bestimmten Militäranwendungen nützlich sein konnte.

Dr. Dwight Wayne Batteau, Kopf des Projektes und Professor für Physik und Maschinenbau an der Tufts- und der Harvard-Universität, hatte von Flanagans außerordentlichen Fähigkeiten im Umgang mit Computern und Elektronik gehört. Er suchte Flanagan auf und machte ihn zu einem Mitglied seines Forschungsteams.

Es gab zwei Forschungszentren für das Projekt. Das eine bildete die Firma Listening Incorporated, zu deren Vizepräsident Flanagan ernannt wurde. Es lag in Arlington, Massachusetts, außerhalb von Boston. Hier wurde die Ausrüstung und die Hardware für das Projekt entwickelt und konstruiert. Das zweite Forschungszentrum befand sich auf einer kleinen Insel namens Coconut Island in einer abgelegenen Bucht von Hawaii, wo die Delphine untergebracht waren und die eigentlichen Tests durchgeführt wurden.

Der Mensch-Delphin-Übersetzer

Aus dem Programm entstand ein Übersetzungsgerät, das menschliche Sprache in die Pfeiftöne umwandeln sollte, die normalerweise von den Delphinen produziert werden. Der Mensch-Delphin-Übersetzer war ein effektives Werkzeug, um die menschliche Sprache in komplexe Delphinlaute zu übersetzen sowie umgekehrt Delphinpfiffe in gesprochene Worte. Alle Kommunikationsexperimente basierten auf dem Einsatz dieses elektronischen Gerätes.

Im Verlauf der Arbeit wurde ein Vokabular von dreißig Wörtern mit den Delphinen etabliert, um einfache Anweisungen geben zu können. Leider starb Dr. Batteau, der Leiter des Forschungsprojekts, im Laufe des Projektes, und die Arbeit geriet ins Stocken. Einer der anderen Berater des Projektes war der angesehene Psychologe B.F. Skinner, der die Ansicht vertrat, Tiere könnten nicht konzeptionell denken. Unglücklicherweise führten seine Schlußfolgerungen dazu, daß das Projekt eingestellt wurde. Skinner glaubte, Tiere könnten einer Reihe von Instruktionen – eine nach der anderen – nicht folgen. Er ging davon aus, daß ein so instruiertes Tier die erste Anweisung innerhalb einer Sequenz vergessen und nur die zuletzt gegebene befolgen würde. Doch als die Projektgruppe das Vokabular von dreißig Wörtern etabliert hatte, gelang es, einen Delphin zu instruieren, zu einem Ball hinzuschwimmen, ihn zu berühren, sich nach links zu wenden, durch einige Reifen zu springen und dann zum Ausgangspunkt zurückzukehren. Die Tiere konnten die zugewiesenen Aufgaben durchführen, nachdem ihnen die Instruktionen nur einmal erteilt worden waren. Wenn die Anweisung während der Ausführung geändert wurde, reagierten die Delphine sofort entsprechend. Somit wurde im Laufe des Projektes klar, daß die Delphine nicht blindlings antrainierte Handlungen ausführten, sondern in der Lage sind, konzeptionell zu denken.

Das Team probierte verschiedene Aktivitätskombinationen bei diesen wunderbaren Geschöpfen aus, und in allen Fällen wurden die erteilten Instruktionen präzise befolgt. Dies demonstrierte die Fähigkeit des Überlegens und Denkens, was man bei Tieren nicht für möglich gehalten hatte. Als diese Experimente fortgesetzt wurden, begannen die Delphine den Forschern Instruktionen zu erteilen, als ob das Experiment ein Spiel sei.

Überraschenderweise fand das Team auch heraus, daß Delphine viel schneller lernten als die meisten Menschen. Die Wissenschaftler glaubten, wenn sie den Meeressäugetieren ein Vokabular von rund dreihundert Wörtern beibringen könnten, dann müsse es möglich sein, mit den Delphinen abstrakte Gedanken auszutauschen.

Patrick ist bis zum heutigen Tag davon überzeugt, daß diese Arbeit unbedingt hätte fortgesetzt werden müssen. Er glaubt, diese Forschung hätte zu Wissensdurchbrüchen führen können, die für die Menschheit von großem Wert sind, während gleichzeitig das Mitgefühl der Menschen für den Zustand einiger der anderen Geschöpfe der Erde zugenommen hätte.

Das Gehirn der Delphine ist insofern einzigartig, als die seitlichen Hirnlappen, die das abstrakte und kreative Denken steuern, wesentlich größer sind als die von Menschen. Warum ist dies relevant? Wenn man Vergleiche zieht zwischen Menschen und Affen, dann wird ständig darauf hingewiesen, daß Menschen große seitliche Hirnlappen haben und Affen nicht – was denkende Menschen von instinktgesteuerten Tieren unterscheidet. Dies wirft natürlich die Frage auf, über die die meisten von uns nicht bereit sind nachzudenken: Ist es möglich, daß Delphine vielleicht eine größere kreative Fähigkeit besitzen als Menschen und daß sie nur durch ihre körperliche Gestalt daran gehindert werden, diese Potentiale auf menschengleiche Weise zu verwirklichen?

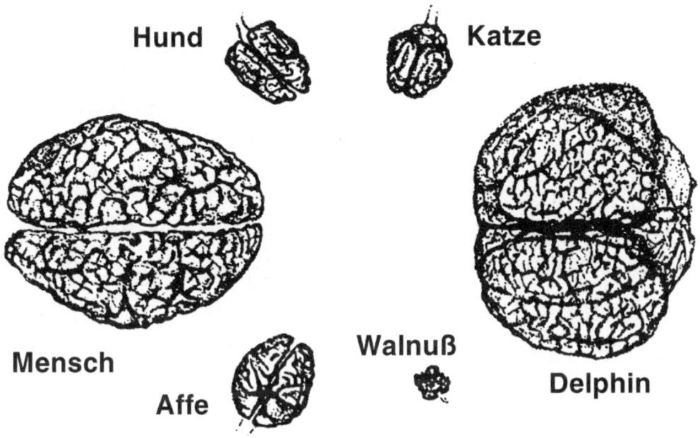

Gehirne im Vergleich: Die seitlichen Hirnlappen der Delphine sind deutlich größer als die von Menschen

Delphine können die Lage, die Größe und Art eines Objektes durch Schallreflektion besser erkennen als wir mit unseren Augen, besonders in trüben oder dunklen Gewässern. Außerdem ist ihr Sehvermögen wesentlich besser als das unsere. Sie verfügen auch über eine Art Teleskopsicht; sie sind tatsächlich in der Lage, Objekte näher „heranzuzoomen". Unter und über Wasser können sie über große Entfernung hinweg jedes Detail erkennen.

Das Forscherteam entwickelte ein Gerät namens Sondol, das wie die Delphine Schallreflektion zum Erkennung von Objekten einsetzt. Potentiell könnte das Gerät auch von Blinden zur Erforschung ihrer Umgebung oder von Sporttauchern zur verbesserten Sicht in dunklen oder trüben Gewässern eingesetzt werden. Mit ein wenig Übung kann jeder mit normalem Gehör lernen, dieses Gerät zu benutzen, um sich in völliger Dunkelheit zurechtzufinden. Als besonders hilfreich erweist es sich bei Arbeiten unter Wasser, denn nach einer gewissen Gewöhnungszeit vermag ein geübter Taucher damit bestimmte Objekte in einer Entfernung bis zu dreihundert Metern zu identifizieren.

Auch das Neurophon war ein wichtiges Hilfsmittel bei der Arbeit mit Delphinen. Menschen konnten damit die Laute der Delphine wahrnehmen, die für gewöhnlich weit außerhalb der Reichweite des menschlichen Hörens liegen. Einige dieser Delphinklänge reichten bis zu einer Frequenz von 250.000 Hertz, während die obere Hörgrenze beim Menschen eher bei 16000 bis 20000 Hertz liegt. Die Technologie, die zum Teil aus dem Delphinprojekt erwuchs, führte schließlich zur Entwicklung des digitalen Neurophons.

Die Klangsignatur entziffern

Während des Delphinprojektes arbeitete Flanagan an der Grundlage für viele weitere neue Technologien. So gelang es dem Team zum Beispiel, das eigentliche Kodierungssystem zu isolieren, mit dem das Gehirn Sprache interpretiert. Die Forscher fanden auch heraus, wie das Gehirn Schallquellen im dreidimensionalen Raum ortet.

Diese Entdeckungen lieferten die Basis für die Entwicklung eines dreidimensionalen holographischen Klangsystems. Es ermöglichte auch eine besondere Form der Tonaufnahme: Über ein paar gewöhnliche Lautsprecher ließen sich kodierte Aufnahmen in jede beliebige Richtung im dreidimensionalen Raum projizieren, so daß sie für den Zuhörer scheinbar aus dem Nichts kamen. Die Aufnahme eines Orchesters konnte derartig aufgefächert werden, daß es erschien, als käme die Musik aus vielen Richtungen gleichzeitig wie bei einem Live-Konzert.

Einen Überblick über weitere neue Entdeckungen gibt der Jahresbericht vom 19. Dezember 1966 der Gesellschaft Listening Incorporated an die Aktionäre, den Flanagan zum Teil verfaßte. Darin zeichnet der Autor ein lebhaftes Bild über die neu gewonnenen Erkenntnisse:

„Stellen Sie sich vor, Sie säßen am Meer und hörten den Wellen zu. Wenn Sie können, stellen Sie sich nun vor, daß der Klang der Wellen zu Ihnen spricht. Der Klang sagt vielleicht: ‘Vor Ihnen liegt ein sandiger, leicht abfallender Strand, doch weiter rechts tritt ein Felsen zutage, und weiter links befindet sich eine ruhige Bucht.’ Und Sie können sich auch vorstellen, daß die Wellen immer von denselben Dingen reden, egal wie das Wetter ist. Mal sprechen sie mit lauter, wilder Stimme, mal mit leiser, sanfter Stimme, aber immer von derselben Küste.“

Der Autor fuhr fort: „Stellen Sie sich nun Wind in einem Wald vor, und die Geräusche erzählen von Blättern und Zweigen, von großen und kleinen Bäumen und vom Boden unter Büschen und Bäumen. Der Klang vom Boden ist ein leiser Klang, der der Baumstämme sind Säulen des Geflüsters, und der der Blätter ist flatternd und rauschend. Wiederum erzählt der Klang unabhängig vom Wetter stets von demselben Wald, egal ob es regnet oder stürmt; die Stimmen mögen sich ändern, aber die Botschaft bleibt dieselbe; nur beim Wechsel der Jahreszeiten verändert sich der Charakter der Dinge, von denen das Flüstern spricht.“

„Dies sind nicht bloß romantische Vorstellungen; für den Beobachter sind es Fakten. Klingt Ihre Küche nicht wie Ihre Küche und Ihr Wohnzimmer wie Ihr Wohnzimmer? Ist nicht die Geräuschkulisse in Ihrem Büro eine andere als die in der Bar nebenan? Nicht wegen des Klangs der Stimmen, Schritte und Bewegungen allein, sondern durch das, was die Räume mit dem Schall machen, der sie erfüllt. Die Filmleute sind sich dessen seit Jahrzehnten bewußt; sie nehmen stets die Geräuschkulisse am Drehort auf, um sie, falls nötig, einzusynchronisieren. Unweigerlich modifiziert jeder Gegenstand in unserer Umgebung den Klang der Natur auf seine eigene Weise, was wir hören können, wenn wir aufmerksam lauschen.“

„Stellen Sie sich nun den menschlichen Stimmapparat als einen Raum mit beweglichen Wänden vor; stellen Sie sich vor, daß die Form und die Substanz des Raumes gehört werden kann, wenn er von Ton erfüllt wird – sei es ein Flüstern, Rufen, Singen oder Summen. Ist es nicht einleuchtend, daß das jeweilige Geräusch von geringerer Bedeutung ist, als was die Struktur mit dem Geräusch macht? Wir können sagen, daß Klang vom Stimmtrakt umgewandelt wird und daß der daraus hervorgehende Ton das Kennzeichen trägt, dort gewesen zu sein."

„Wenn Sie bedenken, daß Klang durch seine Umgebung umgewandelt wird, dann könnten wir uns ein Bild von dieser Umgebung machen, wenn es möglich wäre, die Umwandlung durch die Umgebung umzukehren. Wir bei Listening Incorporated lernen, wie man dies tut."

„Wir werden sehr bald Experten für das Erkennen von Information und für die Synthese von akustischen Signalen und charakteristischen Umgebungsmerkmalen sein."

Der Bericht fuhr fort, die verschiedenen Techniken zusammenzufassen, an denen das Forscherteam bei Listening Incorporated arbeitete. Alle Projekte werden im Bericht kurz beschrieben.

Räumliche Ortung: Das Ohr als Richtantenne

Eine der merkwürdigsten und doch einfachsten Beobachtungen führte Dr. Dwight Wayne Batteau, den Leiter des Unternehmens, dazu, das Ohr neu zu entdecken. Genauer gesagt entdeckte Dr. Batteau die Bedeutung der besonderen Form des menschlichen Ohrs und die wesentliche Rolle, die die Ohrmuschel im Prozeß der Schallortung spielt. Mit anderen Worten: Er entdeckte, wie das Ohr vom Gehirn benutzt wird, um eine Geräuschquelle im dreidimensionalen Raum zu orten.

Er fand heraus, wie die Ohrmuschel durch ihre spezielle Form ankommende Klangwellen mit einem speziellen Zeitkode versieht. Anhand dieses Zeitkodes kann das Gehirn dann die Position der Klangquelle im Raum ermitteln. Probieren Sie einmal folgendes aus: Schließen Sie Ihre Augen und lassen Sie jemanden Geräusche an verschiedenen Stellen im Raum erzeugen. Mit ein wenig Übung können Sie genau lokalisieren, aus welcher Richtung der Ton kommt. Wenn die Ohrmuschel verbogen oder verzerrt wird, wird diese Fähigkeit deutlich herabgesetzt oder ganz ausgeschaltet.

Eine andere Methode, diesen Effekt zu demonstrieren, ist folgende: Stellen Sie sich eine laute Party vor, auf der Sie aber immer noch in der Lage sind, die Quellen verschiedener Töne und Stimmen zu orten, während Sie die anderen herausfiltern. Ein gewöhnliches Mikrophon kann die Schallquellen nicht isolieren. Aus diesem Grund benutzen die Sicherheitsorganisationen in den meisten Botschaftsgebäuden oder in Bereichen, in denen sensible Gespräche stattfinden, abhörsichere Räume, auch „hard rooms“ genannt. Diese Räume haben harte Holzböden und harte Oberflächen, die, wenn Mikrophone im Raum versteckt sind, Stimmechos hervorrufen, so daß die Gespräche beim Abhören völlig verzerrt klingen. Wenn man allerdings das Modell einer menschlichen Ohrmuschel über das Mikrophon stülpt, so wird das Echo eliminiert und der Ton so klar, daß auch ein „abhörsicherer“ Raum problemlos abgehört werden kann.

Das Phänomen der Ortung war ein direktes Ergebnis der Wechselwirkung zwischen Ohrmuschel und eintreffenden Klangwellenfronten. Das Gehirn bzw. der eingesetzte Computer, mit dem im Test das Hören simuliert wurde, benutzte die Ohrmuschel als eine Art empfindliche, ausrichtbare Antenne, die die eintreffenden Töne in Impulse umwandelte und die Tonortungsinformation an das Gehirn meldete. Als Ergebnis dieser Entdeckung entwickelte Batteau verschiedene Produkte, die Flanagan später weiter verbesserte:

Künstliche Ohren: Diese Geräte bestanden aus einem Paar Mikrophonen, die an einem Kunstkopf in die Mulden des Ohrs und in etwa demselben Abstand angebracht wurden, wie die Ohren normalerweise am menschlichen Kopf sitzen. Das Ergebnis war, daß der vom Gerät aufgenommene Ton in beiden Ohren als Schwebefrequenz registriert wurde. Aufzeichnugen von Tonaufnahmen, die mit diesen speziellen Mikrophonen gemacht wurden, bewahrten die Ortungsinformation. Mit anderen Worten: Beim Abhören der Aufnahmen über Kopfhörer konnte man mit Leichtigkeit die relative Position, den Ort oder den ursprünglich aufgenommenen Ton identifizieren. Wenn man die Augen schloß, war es, als ob man in eine Konzerthalle hineinspaziert wäre.

Nur einmal kam diese Technologie tatsächlich bei einem Konzert zum Einsatz, als Flanagan es den Beach Boys ermöglichte, eines ihrer Alben mit einem speziellen Set von Lasermikrophonen aufzunehmen, die er entwickelt hatte.

Die Klangtiefe der neuen Tontechnik war unglaublich. Das vertikale, horizontale und das Entfernungsverhältnis der Töne war auf den Aufnahmen perfekt erhalten geblieben. Dies war nicht bloß der übliche von rechts und links kommende Stereoeffekt – es war holographischer Klang.

Eine der interessantesten Verwendungen für dieses Gerät war das Aufzeichnen von Debatten, Vorträgen oder Konferenzen, bei denen es eine Reihe von Sprechern gibt. Bei diesen Aufnahmen sprachen die Redner nacheinander oder aber gleichzeitig. Durch den Einsatz des Kunstohrs wurde der Standort des Sprechers mitregistriert. Wenn man der Aufnahme lauschte, konnte man sich auf diese Weise auf eine bestimmte Person konzentrieren, die Aufnahme dann zurückspielen und die

Aufmerksamkeit auf jemand anders richten, genauso wie man dies in einem überfüllten Raum tun kann, in dem zahlreiche Gespräche gleichzeitig geführt werden. Im wesentlichen entflocht diese neue Technologie das Stimmengewirr in einem Raum voller Menschen.

Das Team stellte auch große Plastikohren her, die während des Vietnam-Krieges eingesetzt wurden. Sie wiesen dieselben Proportionen wie die echten Ohren auf, nur daß sie wesentlich größer waren. Dadurch war es möglich, mitten im Dschungel weit entfernte Töne zu hören und ihre Quelle mit einem hohen Grad von Präzision zu lokalisieren. Es wurde festgestellt, daß Menschen sich an Ohren fast jeder Größe gewöhnen können, da die Tonerkennung auf einem Zeitverhältniskode basiert. Der Zeitkode ist der Schlüssel zur Schallübertragung.

Unterwasserohren: Zu der Zeit, als der Jahresbericht von Listening Incorporated entstand, wurden die Unterwasserohren in einer Größe von achtundzwanzig Zentimetern aus rostfreiem Stahl hergestellt und an Wassermikrophonen angebracht. Wenn diese Ohren unter Wasser plaziert wurden, konnte das Team, mit Kopfhörern ausgestattet, die genaue Position von Unterwasserklängen im dreidimensionalen Raum ausmachen. Dieses System wurde benutzt, um die genaue Position von Walen und Delphinen zu lokalisieren. Unter Wasser breitet sich der Klang fünfmal schneller aus, weshalb die künstlichen Ohren größer sein mußten, um die gleiche Zeitverhältniskodierung zu ergeben wie an der Luft. Man konnte diese Töne auch aufnehmen und für ein späteres Abspielen konservieren, wobei die Ortung korrekt bewahrt wurde.

Ortungssynthese: Dies war das Ergebnis der zuvor beschriebenen Geräte. Die Idee hierbei war die folgende: Wenn man erst einmal verstanden hatte, wie der Ton von den Ohrmuscheln aufbereitet wurde, könnte man einen Computer einsetzen, um die Klangwelle nachzubilden oder sie so zu modifizieren, daß sich der Ton an jeden gewünschten Ort projizieren ließe.

Denken Sie an eine gewöhnliche Sprechanlage in einem U-Boot oder sogar in einem Raumschiff: Sie können die Stimmen hören und vielleicht vom Klang her identifizieren, doch Sie können nicht deren Richtung bestimmen. Das Gerät zur Ortungssynthese würde die Sprechanlage um genau diese Dimension ergänzen. Der Computer würde die ursprünglichen Standorte nachbilden und zuordnen, und dann würden die Bewegungen der einzelnen Personen Teil eines interaktiven Systems werden, in dem die räumlichen Verhältnisse erhalten blieben und den anderen im Raumschiff übermittelt würden.[1]

Phonemdetektor: Für den Mensch-Delphin-Übersetzer war ein Spracherkennungssystem erforderlich. Deshalb wurde der Phonemdetektor entwickelt, der verschiedene „Kennzeichen" oder spezifische Charakteristika von stimmerzeugten Lauten erkannte. Dieser Detektor machte in Kombination mit anderen in dem Projekt verwendeten Geräten ein sehr effizientes System möglich, mit dem sich Maschinen durch Stimmkommandos steuern ließen.

Die Anlage sollte dafür sorgen, daß Maschinen zunehmend komplexere Kommandos verstanden, was es ermöglichte, fortschrittliche Sprachprogramme zu entwickeln. Die spezifischen Entdeckungen bezüglich der Klangkodierung im richtigen Zeitverhältnis und die nachfolgende Entschlüsselung des Gehirns machten diesen Durchbruch möglich. Bis zum heutigen Tage im Jahre 1997 muß noch ein System zur Spracherkennung für komplexe maschinelle Aufgaben entwickelt werden. Doch bereits 1966 wurde die grundlegende Technologie dazu entdeckt, und das einzige wirklich noch fehlende Bindeglied war die Rechnerleistung. Wenn man diese Entdeckung aus den Sechzigern mit den modernen Computer- und Elektronikkapazitäten von heute verbindet, so wird dies zu einem sehr ausgeklügelten System der verbalen Interaktion zwischen Computer und Mensch führen.

Rechteckwellen-Sprachgenerator: Patrick Flanagan faßte den Phonemdetektor und den Rechteckwellen-Sprachgenerator in Patenten zusammen, die er beantragte und erhielt. Diese beiden Entdeckungen bilden den Kern des von Patrick entwickelten Systems zur holographischen Tonerzeugung, das an anderen Stellen dieses Buches detaillierter beschrieben wird. Dieser technische Fortschritt, der erzielt wurde, während Patrick bei Listening Incorporated arbeitete, war die Quelle sowohl großer Aufregung als auch tiefen Kummers. Als er die Patente für den Rechteckwellen-Sprachgenerator beantragte, begann seine Begeisterung für das Neurophon nachzulassen. Denn zu diesem Zeitpunkt in Flanagans Leben nahm ihm die Regierung der Vereinigten Staaten seine Erfindung für fünf Jahre aus Gründen der nationalen Sicherheit aus der Hand.

Farbsonar und Computererkennung der Umgebung: Auch diese beiden weiteren bedeutenden Erfindungen machte Flanagan im Rahmen seines Forschungsauftrages bei Listening Incorporated. Das Farbsonar wurde von Dr. Batteau entwikkelt. Mit diesem System konnte ein Schallwellensignal zwischen Objekten unterscheiden, indem es die Tatsache berücksichtigte, daß verschiedene Materialien Schallwellen unterschiedlich beeinflussen. Das heißt: Wenn ein Signal über eine gewisse Entfernung hinweg ausgesandt wird und auf ein Objekt trifft, wird die Frequenz leicht verändert, so daß das zurückkommende Signal die „Signatur" des Objektes trägt. Dies ermöglicht es einem Computer zu unterscheiden, ob es sich bei einem Objekt zum Beispiel um ein U-Boot aus Metall oder aber um einen Wal handelt. Die Frequenzunterschiede konnten dann von einem Computer übersetzt und auf den Sonarbildschirm gebracht werden, der auf der Grundlage der zurückkehrenden Signalfrequenzen verschiedene Farben anzeigte.

Die Ergänzung zu dieser Entdeckung war ein System für die Computererkennung von Objekten. Dies wiederum erforderte für eine höchste Effizienz wesentlich mehr Rechenkapazität, als die Standardanlagen aus dem Jahr 1966 liefern konnten. Flanagan stellte fest, daß ein reflektiertes Tonsignal alle Charakteristika des Objektes mitbrachte, von dem der Ton reflektiert wurde. Das heißt, der zurückkehrende Ton enthält ein Bild der Objekte, gegen die er geprallt ist. Man erwartete, mit dieser Technologie eine dreidimensionale Sicht von Objekten zu erhalten, die unter Wasser ansonsten unsichtbar wären. In Kombination würden diese beiden Erfindungen ein sehr mächtiges Werkzeug liefern, das heute von großem Nutzen wäre.

Kapitel 4

Lebensenergie

Die Wissenschaft kennt fünf Sinnessysteme, die der Körper benutzt, um physikalische Energie in Information umzuwandeln, nämlich Sehen, Hören, Tasten, Riechen und Schmekken. Unser Nervensystem transformiert externe Stimuli in digitale elektromagnetische Signale, auf die unser Körper dann reagiert.

Um zu überleben, müssen alle Organismen einen hohen Energiezustand im Verhältnis zu ihrer Umgebung aufrechterhalten. Wenn Lebewesen ein Gleichgewicht mit der Umgebung erzielt haben, sterben sie. Jedes Mal, wenn wir einen Gedanken denken, mit einem Muskel zucken oder ihn bewegen, verbrauchen wir etwas von unserer Vitalenergie. Um uns davor zu bewahren, einen Gleichgewichtszustand zu erreichen, benötigen wir den kontinuierlichen Fluß von freier Energie (negative Entropie, auch Negentropie genannt). Der Existenzkampf hängt davon ab, wie gut ein Organismus ausgerüstet ist, um verfügbare Energie einzufangen. Energie fließt ständig durch alles Lebende, tritt in einem hohen Energiezustand in das System ein und verläßt es in einem verminderten Zustand, da einige Energie absorbiert wird. Alle Organismen überleben, indem sie in der Lage sind, freie Energie aus ihrer Umgebung aufzunehmen.

Im Prozeß des Lebens tauschen wir sowohl Materie als auch Energie mit unserer Umgebung aus. Wir bleiben weit vom Zustand des Gleichgewichts mit der Umgebung entfernt, indem wir ständig verfügbare Energie um uns herum aufnehmen. In lebenden Systemen ist der reibungslose Fluß von freier Energie von vorrangigem Belang, um höchstmögliche Vitalität und Gesundheit zu bewahren.

Auch die Qualität der Bioenergie, die wir in uns aufnehmen, ist von großer Bedeutung. Wenn die dem lebenden Organismus zugeführte Energie harmonisch ist, dann wird die Vitalität gesteigert, während die Aufnahme disharmonischer Energie zu Streß und schlechter Gesundheit führt. Alle Lebewesen versuchen, ein inneres Gleichgewicht aufrechtzuerhalten. Wenn die in den Organismus strömende Energie ein Ungleichgewicht schafft, dann macht sich das Lebenssystem sofort daran, dies auszugleichen und die Balance wiederherzustellen. Dieses Ausgleichen verbrennt Vitalenergie. Zum Beispiel wird durch die ständige Bombardierung aller Lebewesen mit von Menschen geschaffener elektromagnetischer Strahlung, verschmutzter Luft und verschmutztem Wasser Vitalenergie verschwendet und der Streß gesteigert.

Streß wird allgemein als der Killer Nummer eins für alle lebenden Organismen anerkannt. Im gleichen Maße, wie unsere Technologie wächst, fahren wir fort, unsere Umgebung Stresserzeugern auszusetzen, die letztlich auf negative Weise auf uns selbst zurückwirken. Diese Stressverursacher zu erkennen ist die Grundlage der präventiven elektromagnetischen Medizin. Durch die Anwendung von ausgleichenden Technologien und die Reduktion von geschaffenem Streß kann die Gesundheit allgemein verbessert werden.

Zu einigen der Faktoren, die zu Streß beitragen, gehören Elektrosmog, Kleidung aus Kunststoffen, akustische und emotionale Überreizung, positive Ionen, falsche Ernährung, die falsche Konstruktion unserer Häuser, die Verwendung von gesundheitsschädlichen Baustoffen sowie Drogen. Individuelle Streßfaktoren sind nicht die hauptsächlichen Energieräuber. Doch die Summe all der Streßfaktoren, denen wir über längere Zeit hinweg ausgesetzt sind, beeinträchtigt uns ganz deutlich. Die Gesamtwirkung führt zu chaotischen Lebensenergien, die schließlich zu vorzeitigem Tod führen.

Den Streß beseitigen

Es gibt mehrere Dinge, die man tun kann, um die gesamte Körperbalance zu verbessern und den Streß zu beseitigen. Reines Wasser, das nicht chemisch behandelt ist, ist leicht zu bekommen und trägt eine Menge zur Gesamtgesundheit bei. Wasser, das in Plastikflaschen abgefüllt ist, sollte vermieden und statt dessen Glasbehälter verwendet werden, wann immer es möglich ist. Die in reinem Wasser enthaltene Energie kann noch verstärkt werden, indem man das Gefäß einfach in die Sonne legt. Sie läßt sich auch durch Einsatz einiger der an anderer Stelle in diesem Buch beschriebenen Technologien verbessern.

Kleidung hat eine deutliche Auswirkung auf das Streßniveau eines Menschen. Indem wir einfach etwas anderes tragen, können wir unsere Vitalität steigern. Alle Kleidungsstücke aus synthetischen Materialien bauen ein negatives elektrostratisches Hochspannungsfeld auf, das das natürliche Gleichgewicht des elektrischen Feldes des Körpers zerstört und in der Luft vorhandene Schadstoffe anzieht. Die Schadstoffe in der Luft sind positiv geladen und werden von negativ geladenen Objekten angezogen. Außerdem sind künstliche Stoffe mit schädlichen Chemikalien imprägniert, die die Feuerentzündlichkeit herabsetzen sollen, und Kleider aus Kunstfasern erlauben es der Haut nicht zu atmen. Solche nicht-atmungsaktiven Kunstfasern sorgen für Feuchtigkeit auf der Haut und bereiten somit Bakterien und Pilzen fruchtbaren Nährboden.

Naturfasern strahlen ein positives Feld ab, das das bioelektrische Feld des menschlichen Körpers stärkt. Die positive Ladung zieht negative Ionen an, was den Verstärkungseffekt verursacht. Ferner halten Naturfasern die Feuchtigkeit nicht zurück; statt dessen ermöglichen sie es der Haut zu atmen. Seien Sie bei der Auswahl Ihrer Kleidung vorsichtig; wählen Sie nur solche aus Naturfasern wie Baumwolle, Seide, Leinen und Wolle aus. Azetate, Nylon und Polyester sind Beispiele für Stoffe auf Plastikbasis, die gemieden werden sollten.

Wo wir leben, ist entscheidend

Der Ort, an dem wir leben, kann eine tiefgreifende Auswirkung auf unsere Gesundheit und unser Bewußtsein haben. Die alte Kunst, den richtigen Ort für Häuser und Tempel auszusuchen, ist als Geomantie bekannt.

Die Erde ist ein lebender Organismus, der sich mit dem menschlichen Körper vergleichen läßt. Die Erde hat Ströme und Flüsse, während der Mensch Blutadern und Energiemeridiane hat. Die Erde enthält Mineralien und Steine, der Mensch besitzt Knochen und Sehnen. Auf der Erde wachsen Bäume, und der menschliche Körper ist von Haaren bedeckt. Die Erde hat eine äußere Schale, der Mensch verfügt über eine schützende Haut. Die Erde hat die Sonne, und der Mensch hat sein Herz.

Indem wir unsere eigenen Energien verstehen, können wir zu verstehen beginnen, wie der Mensch die Erde krank gemacht hat, indem er Städte an den falschen Orten errichtet hat. Die Energiesysteme der Erde befinden sich in einem Zustand großen Ungleichgewichts, und wie der menschliche Körper wird unser Planet Mittel und Wege finden, sich wieder ins Gleichgewicht zu bringen. Dies sind die Gesetze der Natur.

Wenn wir einen energetischen Platz finden, an dem wir gerne leben würden, müssen wir die Struktur des geplanten Bauwerks berücksichtigen. Energiepunkte befinden sich dort, wo natürliche Energielinien sich kreuzen. Die primären Punkte wurden von russischen Forschern und anderen in ein Gitternetz eingetragen. Die Energien an diesen Orten sind durch natürliche Prozesse der Erde erzeugt worden. Diese Energien schwingen bei einer vorherrschenden Frequenz von 7,83 Hertz,

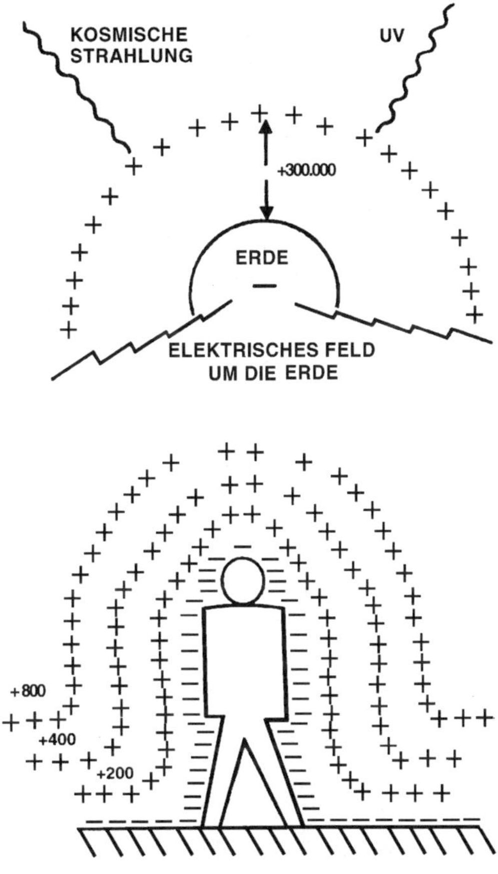

Die Verzerrung des Erdfeldes um den menschlichen Körper herum. Bemerkenswert ist eine Ähnlickeit mit den Feldern, die als Aura bezeichnet werden.

die als Schumann-Resonanz bekannt ist. (Wie es heißt, soll diese vorherrschende Frequenz in den letzten Jahrzehnten angestiegen sein.)

Die geometrische Struktur unserer Wohnung oder unseres Hauses und ihre dimensionale Maßeinheit sind von äußerster

Wichtigkeit. Flanagan zufolge entspricht die Wellenlänge der Lebensenergie mit 25 U.S.-Inch (63,5 Zentimeter) der heiligen Elle der Hebräer. Wenn man diese Maßeinheit beim Bau unserer Häuser berücksichtigt, so wird dies insgesamt zu unserem Wohlgefühl beitragen.[1, 2] Man nimmt an, daß diese Maßeinheit auch beim Bau der Großen Pyramide in Gizeh verwandt wurde. Die Basis der Großen Pyramide mißt 9 131 Inch; teilt man diese Zahl durch 25 Inch, so erhält man 365,24 – die Anzahl von Tagen eines Erdenjahrs. In der Architektur sollten also harmonische Maße eingesetzt werden. Der kleinste, beim Bauen verwendete Bruchteil einer Elle sollte ein Viertel bzw. 6,25 Inch (15,875 Zentimeter) betragen. Die Innen- und Außenmaße sollten innerhalb einer Toleranzgrenze von zwei Prozent liegen.

Andere Überlegungen beim Bau von Häusern sollten die Proportionen berücksichtigen, die im nächsten Kapitel dieses Buches beschrieben werden. Auch die Baustoffe sollten sorgfältig ausgesucht werden, um Stoffe zu vermeiden, die sich gesundheitsschädigend auswirken können, wie zum Beispiel Fiberglas und andere Synthetikstoffe.

Wie man den Energiefluß steigert

Dr. Ilya Prigogine aus Belgien bekam 1978 den Nobelpreis für seine Entdeckung, daß das Zweite Gesetz der Thermodynamik sich umkehren läßt. Diesem Gesetz zufolge erschöpfen sich alle Energiesysteme – auch das Universum und alles Leben –, indem sie sich von einem geordneten Zustand zum Chaos, von der Konzentration zur Verdünnung, von freier Energie zu gebundener Energie oder von nutzbarer zu nutzloser Energie hinbewegen.

Wie Prigogine herausfand, läßt sich die Entropie (das Abnehmen von nutzbarer Energie) unter bestimmten Umständen umkehren, wodurch Negentropie oder negative Entropie geschaffen wird. Diese Bedingungen zeigen auf, daß Systeme nicht geschlossen, sondern offen sind und Materie und Energie mit der Umgebung austauschen.

Wenn ein lebender Organismus Energie aufnimmt, benutzt er einen Teil davon und scheidet den Rest als Abfall aus. Wäre der Organismus in der Lage, seinen Energiedurchlauf zu steigern, würde er die Entropie umkehren und jünger werden. Eine der Möglichkeiten, den Energiefluß durch das lebende System zu steigern und bis zu einem gewissen Maße die Entropie umzukehren, liegt darin, regelmäßig die richtigen gymnastischen Übungen zu machen. Wenn der Mensch seinen Metabolismus (Energieverbrauch) ankurbelt, kompensiert er dies, indem er kalorienreichere Kost verzehrt. Und wenn jemand mehr Energie verbrennt, nimmt er nicht zu. Statt dessen kehrt der Überschuß an freier Energie die Entropie des lebenden Systems um. Es gibt eine Reihe von Übungen, die die Energie des Körpers steigern. Einfache Atemübungen und ganz allgemein richtiges Atmen können eine Menge zu unserem gesamten Energieniveau beitragen.

Eine Methode zum Steigern des Blutdurchflusses, die Patrick kürzlich in einem Vortrag erwähnte, ist besonders interessant. Sie steigert das Einfließen von Nährstoffen und das Abfließen toxischer Stoffe aus dem Gehirn, indem man das Blutvolumen manipuliert. Ein vermehrter Blutzufluß zum Gehirn ist hilfreich und kann mit dieser einfachen Übung erreicht werden. Indem man seinen Atem so lange wie möglich anhält, bis man ihn absolut nicht mehr länger halten kann, steigert sich der Blutzufluß zum Gehirn um das Doppelte. Wenn man dies nur ein einziges Mal praktiziert, hält die vermehrte Durchblutung noch bis zu dreißig Minuten danach an. Dieser Effekt basiert auf einer natürlichen Reflexhandlung, durch die die Blutgefäße im Gehirn erweitert werden, was die Durchblutungssteigerung ermöglicht. Dies kann sehr hilfreich sein in Zeiten, in denen eine gesteigerte Gehirnaktivität erwünscht ist, zum Beispiel beim Studium, bei bestimmten Testaufgaben, bei kreativen geistigen Tätigkeiten und bei unerwünschter Müdigkeit.

Kapitel 5

Pyramiden und Formenergien

Ich interessierte mich schon immer sehr für Geometrie und Formen im allgemeinen. Die mathematischen Formeln der Geometrie hatten es mir angetan, denn es schien sich ein größeres Geheimnis dahinter zu verbergen. Mitte der Siebziger gab mir ein guter Freund, John Chandler, die Kopie eines Aufsatzes von Patrick Flanagan mit dem Titel „The Pyramid and Its Relationship to Biocosmic Energy“ (Die Pyramide und ihre Beziehung zu biokosmischer Energie), und später fiel mir das Buch *Pyramid Power* von Flanagan in die Hände. Beide Texte waren interessant, weil sie die Energie bestimmter geometrischer Formen interpretierten und erklärten.

Flanagan war einer der frühen modernen Pyramidenforscher und der erste Naturwissenschaftler in diesem Jahrhundert, der die Energien untersuchte, die von diesen einzigartigen dreidimensionalen Objekten ausgehen. Aus seiner Forschungsarbeit entstand eine Reihe von Veröffentlichungen, darunter sein erstes Buch *Pyramid Power*. Er schrieb es in nur einer Woche, und über anderthalb Millionen Exemplare wurden davon verkauft. Im Rückblick betrachtet war dieses 1973 veröffentlichte Buch für viele einer der Auslöser für die Erforschung neuer Ideen zu feinstofflichen Energien. Flanagan, ein früher Pionier, ist einer der Väter dieses Wandels in der Wissenschaft, den wir heute beobachten.

1978 war ich Gastredner beim Treffen der International Biorhythm Association (Internationale Biorythmus-Vereinigung) in Atlanta, Georgia, wo ich Dr. Reijo Mäkelä kennenlernte. Wir untersuchten, ob es eine verborgene Geometrie in der Beziehung von Klangwellen zueinander gibt, die vielleicht erklären könnte, warum, wie berichtet wurde, bestimmte

Klangwellen wohltuende Wirkungen auf Menschen und Pflanzen haben. Seit dieser Zeit ist auf diesem Gebiet viel geforscht worden.

Alle Objekte empfangen und übertragen in einer für sie charakteristischen Weise Energie. Nicht nur das Material, aus dem ein Objekt besteht, sondern auch seine Form kann einen effizienteren Energietransfer möglich machen. Übertragene Energie wird in viele verschiedene Formen umgewandelt, etwa in elektrische Energie, Hitze, Licht und Klang.

1978 veröffentlichte Reijo Mäkelä zu diesem Thema ein Buch mit dem Titel *Life and Death = Wave Propagation* (Leben und Tod = Wellenausbreitung). Darin heißt es:

„Berechnungen zeigen, daß die Magnetflußlinien sowohl in ihrer Stärke als auch in der Flußdichte zunehmen, wenn man irgendeine Art von Kegel oder Pyramide mittig zwischen den beiden Polen eines Elektromagneten anordnet. Auf diese Weise wird an der Spitze des Kegels oder der Pyramide eine sehr hohe Flußdichte erzeugt. Kegel beziehungsweise Pyramide reduzieren den Stromverbrauch des Elektromagneten. Es gibt keine mysteriösen „Pyramidenkräfte“ – nur Kräfte in Feld- und Rotationsform, die berechnet werden können, indem man die Gesetze der Quantenmechanik anwendet. Zentrifugal- und Zentripetal-Kraft sind keine elektromagnetischen Kräfte als solche, sondern begleiten elektromagnetische Phänomene stets.“[1]

„Bekannt ist, daß Pyramiden tatsächlich verschiedene Effekte auslösen. Unter anderem zeigen sie meßbare Wirkungen auf das menschliche Gehirn. Man kann die Effekte als Veränderungen im elektromagnetischen Verhalten der Energie messen – wenn wir die Tatsache akzeptieren, daß Pyramiden auf normal elektrisch geladenem Boden errichtet sind und Strahlung (von der Sonne) in polarisierter und unpolarisierter Form empfangen. Zu den Strahlen gehören Frequenzen, die

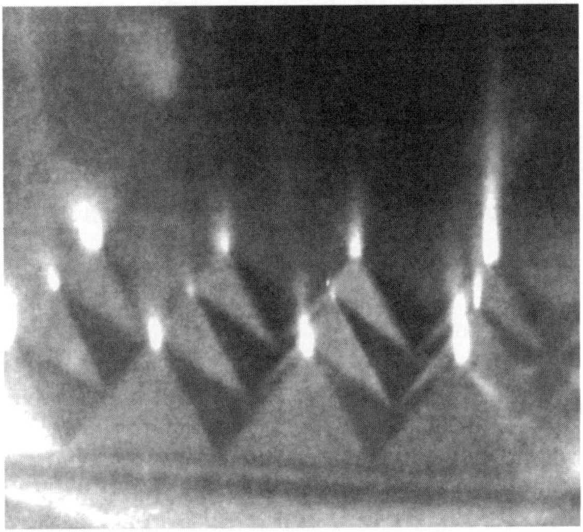

Mit Kirlian-Hochfrequenzmethoden aufgenommene Energieabstrahlungen aus den Spitzen einer Pyramidenplatte

weit außerhalb des sichtbaren Spektrums liegen. Diese Strahlen durchdringen das Kristallgitter des Pyramidenmaterials.“[2]

„Die Winkel der Pyramide sind so ausgebildet, daß sie eine Achse bilden, entlang derer eine elektromagnetische Welle sich ohne Doppelbrechung fortpflanzt. Auf diese Weise werden die Wellen voneinander separiert, und jede Frequenz oder Rotationskraft „wirkt unabhängig“, bis sie auf eine andere Welle triff, die genau dieselbe Frequenz und somit dieselbe Rotationskraft aufweist. Wenn sich diese beiden Wellen (oder eine große Anzahl ähnlicher Wellen) treffen, ist die dadurch gebildete Kraft eine Resonanzkraft: nicht aus der Summe der Wellen, sondern aus den Summen der Wellen zum Quadrat (mit sich selbst malgenommen). Das bedeutet, daß die Rotationskraft an der Spitze des Kegels oder der Pyramide sehr hoch ist. Dies kann auch als deutliches Anwachsen der Magnetfelder gemessen werden.“[3]

Das läßt sich auch auf Fotos erkennen, die mit den Kirlianschen Hochfrequenzmethoden aufgenommen wurden.

Die Suche nach Biokosmischer Energie

Patrick Flanagan vertiefte dieses Thema, indem er alles las, was er über Pyramiden nur finden konnte. Überdies reiste er 33 Mal nach Ägypten und verbrachte dort insgesamt dreieinhalb Jahre, um seine Forschung zu vervollständigen. Das gesamte Thema feinstofflicher oder unbekannter Energien interessierte ihn sehr.

Ende der sechziger und Anfang der siebziger Jahre hatte Flanagan etwas untersucht, das er „Biokosmische Energie" nannte. Dies war Flanagans Bezeichnung für das, was er sich als die Energie vorstellte, die aus der Pyramide kommt. Die Vorstellung einer Lebensenergie, die in Verbindung zum Universum steht, wurzelte bereits in der Idee der biokosmischen Energien. Dabei ging es nicht um irgendeine neue Energie, sondern um Formen von Energie, wie sie schon vor Jahrhunderten verstanden und genutzt wurden.

Als Wissenschaftler empfand Flanagan es als Herausforderung, diese Kraft zu studieren, zu messen und schließlich sein Wissen um diese Kraft schöpferisch umzusetzen. Ihn faszinierte der Gedanke, daß diese Energie sich zum Wohle der Menschheit einsetzen ließe.

In der Vergangenheit war diese Energie mit zahlreichen verschiedenen Namen bezeichnet worden, unter anderem als Lebensenergie, bioplasmische Energie, Odische Kraft, Orgon, Prana, Mana, Magnale Magnum, N-Strahlen, Ätherkraft, Psychotronische Energie, Kundalini, Ch'i. Zwar gab es Tausende von Büchern, die sich mit dieser Energie beschäftigt hatten, doch die meisten davon behandelten das Thema kaum in einem wissenschaftlichen Rahmen, sondern sie verschleierten es eher hinter einem religiösen und okkulten Mystizismus. Deswegen vertiefte sich Patrick, seiner Außenseiterrolle wohl bewußt, in diese Forschung und verschlang über 300 seltene Bücher und Manuskripte zu diesem Thema. Er kam zu dem

Schluß, daß all diese Beschreibungen ungeachtet der Begriffe, mit denen diese Energie bezeichnet wurde, dieselbe Idee beinhalteten.[4]

Kirlian-Effekte

Flanagans Neugier war geweckt worden, als er als 14-Jähriger gerade dabei war, in seiner Dunkelkammer einen Film zu entwickeln. Bei der Beschäftigung mit dem Film trug er sein Neurophon, durch das seine Haut über die Felder, die dieses Gerät erzeugte, angeregt wurde. Als er den Film entwickelt hatte, bemerkte er darauf Abbildungen seiner Finger. Diese Abbildungen umgab etwas, das so aussah wie Energiefelder rings um seine Finger herum. Die Energie der Hochfrequenzimpulse aus dem Neurophon hatte irgendwie eine sekundäre Energieabstrahlung in Form von sichtbarem Licht angeregt, die wiederum vom Filmmaterial aufgefangen worden war.

Jahre später erst las Flanagan etwas über den russischen Forscher Semjon Dawidowitsch Kirlian, der im Jahre 1939 einen ähnlichen Effekt beobachtet hatte. Daraus wurden später vierzehn Patente im Rahmen der Kirlian-Fotografie – ein System zum Fotografieren der Energiefelder von Menschen.[5]

Die russische Theorie erklärte die Kirlian-Fotografie so, daß die elektrische Korona entlang der natürlichen Kraftlinien

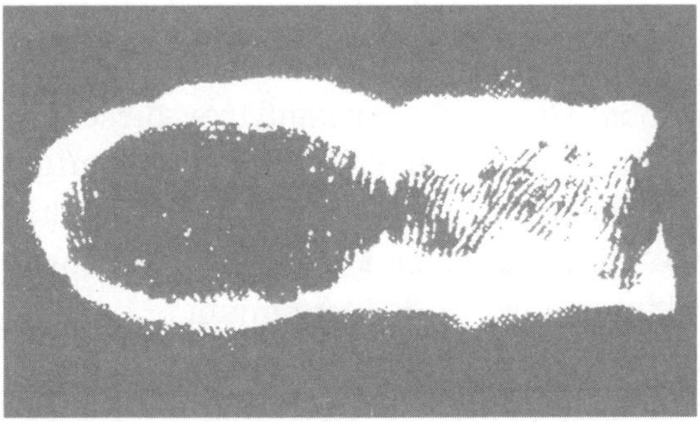

Kirlian-Foto eines Fingers von Patrick Flanagan

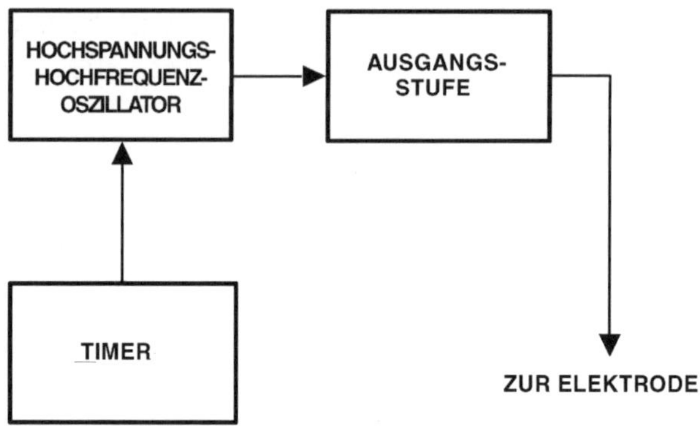

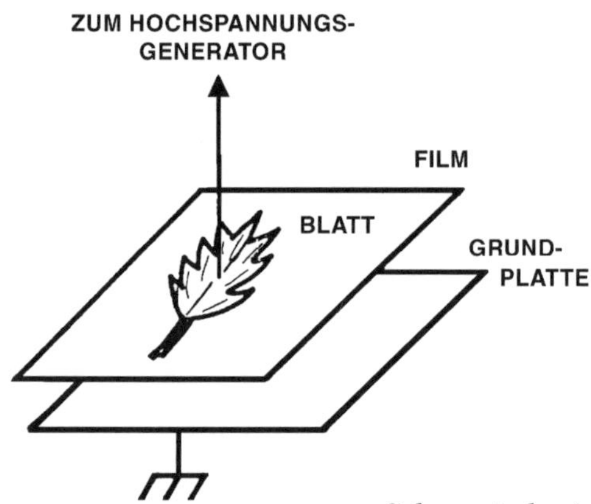

Schematische Anordnung für Kirlian-Fotografie

fließt, die aus einem Gegenstand oder einem lebendigen Organismus austreten, sobald dieser Gegenstand bzw. dieser Organismus mit hochfrequentem Strom hoher Spannung aufgeladen wird. Diese Kraftlinien hält man für subatomare Teilchen – ein „kaltes Plasma“, das alle lebenden Organismen sowie alle elektrischen und magnetischen Felder umgibt.

Die Beobachtungen des jungen Wissenschaftlers Flanagan zur Energie veranlaßten ihn, eine bessere Erklärung für den

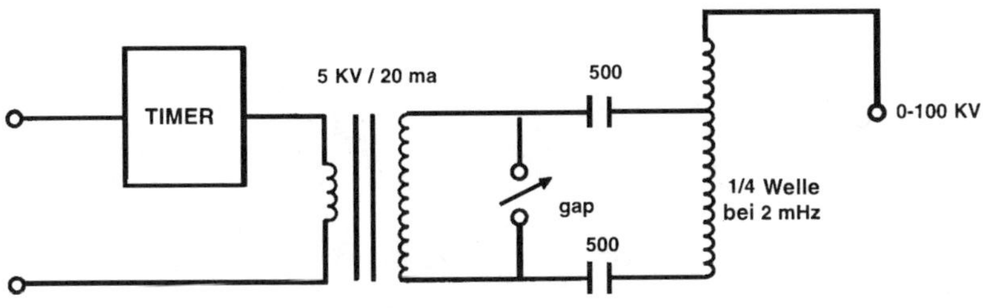

Hochfrequenz-Hochspannungs-Oszillator für Kirlian-Fotografie

Kirlian-Effekt zu finden. Er war auf der Suche nach einer Methode, mit der sich diese Energie messen ließe. Ein Werkzeug zur Messung dieses biologischen Energieflusses mußte äußerst empfindlich sein. Nach einer Reihe von Versuchen entwarf er ein Gerät, das sehr viel zur weiteren Forschung in diesem Bereich beitrug, da es eine Methode bot, um die Größenordnung der Wirkungen meßtechnisch zu erfassen.

Flanagan stellte fest, daß die Energie aus den Pyramiden einzigartige Eigenschaften aufweist. Rohes Fleisch zum Beispiel, das auf eine Unterlage gelegt wurde, die aus Pyramiden zusammengesetzt war, und dort bei Zimmertemperatur gelagert wurde, verdarb nicht. Statt dessen trocknete es aus, und statt zu verwesen, wurde es mumifiziert. Wie er außerdem herausfand, verbesserte der Geschmack des Fleisches sich allein dadurch, daß man es eine Zeitlang auf diese biokosmischen Pyramidenenergieplatten legte.[6] Bei seinen Forschungen entdeckte Flanagan, daß die Gestalt der Großen Pyramide in Gizeh in der Lage war, eine zwar subtile, aber kraftvolle Energieform zu erzeugen. Er sah darin 1972 eine neue Art Wissenschaft, einen ganz neuen Bereich, den er als „Magnetische Formresonanz“ bezeichnete.[7] Es ist aufschlußreich, daß uns heute, 25 Jahre später, die Technik der Magnetresonanzabbildung zur Verfügung steht, mit der einige der besten jemals

Patrick Flanagans Pyramidenplatte

aufgenommenen Bilder vom menschlichen Körper gemacht wurden.

Flanagan nahm an, diese Energien könnten unter Zuhilfenahme von Instrumenten – etwa Pyramiden – „gestimmt" werden. Durch die Abstimmung der Energie könnten sich positive Wirkungen erzeugen lassen, wie etwa jene, die er bei den Platten festgestellt hatte, die sich aus Pyramiden zusammensetzten. Wie er glaubte, ließe sich dabei die eigentliche Kraft entdecken, die das Universum zusammenhält. Diese subtilen Energiefelder waren von anderen Forschern übersehen worden, da das wahre Wesen der Energie über das fotografierbare Spektrum blauer und rosafarbener Energie hinausreichte. Sie wurde von organischen Isolatoren abgestrahlt und geleitet. Sie verhielt sich wie Wärme, Magnetismus und Licht, aber damit im eigentlichen Sinn nicht identisch. Es war biokosmische Energie – eine neue Energieform. Das Studium dieser Energie war in vieler Hinsicht genau das, womit Flanagans Arbeit immer schon zu tun gehabt hatte. Schließlich geht es dabei um die Übertragung von Energie von einem Zustand in eine andere Form, wobei er jenseits der Gedankenwelt der Mystik die Naturwissenschaft als Medium nutzt. Es ist die neue Alchemie.

Die Energieanzeigen, die das von Flanagan konstruierte Gerät und die Kirlian-Fotografie hervorbrachten, zeigen, daß Gefühle und andere körperliche und geistige Zustände den energetischen Zustand der bioplasmischen Energie verändern. Diese Energien analysierte Flanagan mit Hilfe hochempfindlicher Magnetometer und elektrostatischer Feldmeter. Er stellte auch fest, daß die Energiewirkungen sich veränderten, wenn eine Pyramide in einen Metallkasten gestellt wurde, der sie vom natürlich vorhandenen Magnetfeld der Erde abschirmte. In diesem abgeschirmten Zustand verlor die Pyramide ihre Fähigkeit, Fleisch zu konservieren und Nahrungsmittel zu energetisieren. Außerhalb einer abgeschirmten Umgebung war auch die Ausrichtung einer Pyramide wichtig. Um diese Energie möglichst wirksam zu verstärken oder zu bündeln, mußte sie orthogonal auf den magnetischen Nordpol hin ausgerichtet sein.

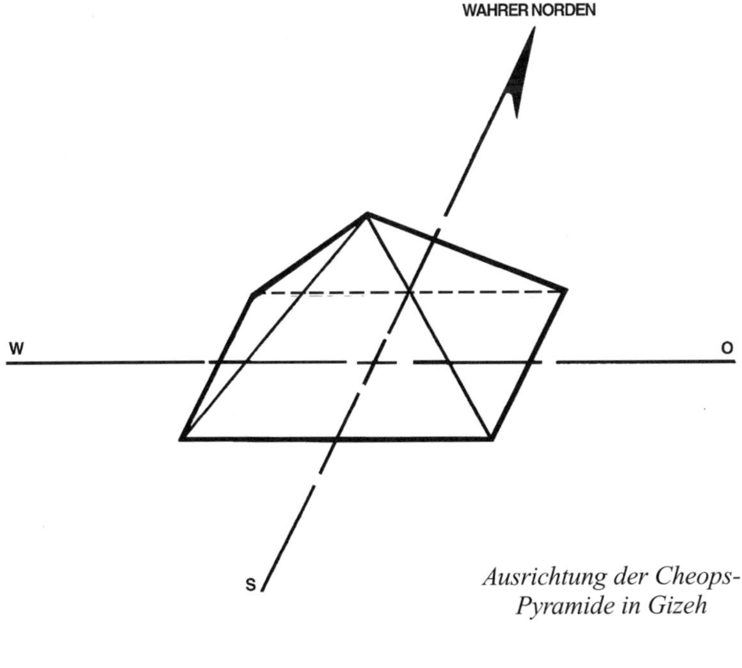

Ausrichtung der Cheops-Pyramide in Gizeh

Im Rückgriff auf die Erklärung, die Dr. Mäkelä zuvor gegeben hatte, läßt sich die Veränderung in der Energie der Pyramide verstehen. Sie hat mit der Art zu tun, in der die Gestalt der Pyramide die Energie natürlicher Kraftlinien zwischen positiven und negativen Polen weiterleitet bzw. bündelt.

Flanagan entdeckte, daß die Eigenschaften der Pyramide sich änderten, wenn sich die Erdmagnetfelder an ihrem Standort veränderten. So konnten sie durch Elektro- und Rohrleitungsinstallationen beeinflußt werden, ebenso durch den Betrieb einiger Elektrogeräte.

Historisches zu feinstofflichen Energien

Die Ideen zu feinstofflichen Energien trugen zahlreiche Namen. Die Grundprämisse scheint allen gemeinsam zu sein: *Alles Leben entspringt der Energie, alle Materie ist ein Ergebnis von Energie.* Die alten Alchemisten hatten sich vollkommen dem Versuch verschrieben, Umwandlungen in den Elementen zustande zu bringen, indem sie deren Form und Energiematrix veränderten. Doch hatten diese alten Zauberer darüber hinaus noch andere Ziele? Der Impuls ihrer Arbeit bestand in dem Versuch, das Wesen des Lebens und der Materie zu ergründen. In ihren Ideen vermischten sich religiöses, philosophisches und wissenschaftliches Denken, und aus dieser Kombination gingen Forschungen hervor, die für uns unverständlich bleiben.

Die Alchemisten interessierten sich für die Umwandlung ihrer geistigen und physischen Umgebung. Die spätere Vorstellung einer „rationalen Wissenschaft“ spaltete die Philosophie von der Wissenschaft ab. Jetzt, hundert Jahre später, mündet die Trennung des Materiellen vom Energetischen wieder in eine gemeinsame Wissenschaft. Mehr und mehr wird erkannt, daß das Wesen der Realität sich aus Geist und Materie zusammensetzt. Die Verwendung unterschiedlicher Wortschätze zur

Beschreibung derselben Beobachtung bildet vielleicht den einzigen Unterschied zwischen Wissenschaft und Religion.

Das Interesse des Menschen an der Energie ist nicht neu. Viel wurde darüber geschrieben, und vielleicht noch mehr ging im Laufe der Zeit und durch die Übersetzung in andere Sprachen verloren. In der jüngeren Geschichte formulierte Einstein den Gedanken, daß Energie in Materie umwandelbar ist, als $E = Mc^2$.

Die Gedanken zur Energie sind so alt wie die Menschheit selbst. Das älteste bekannte Wort für Energie ist das altägyptische Wort Ga-llama, das den tiefsten Grund der Existenz beschreibt. Es bedeutet, daß man mit jedem Einatmen neues Leben aufnimmt. Prana bedeutet im Sanskrit „absolute Energie", und es hat seine Bedeutung im hinduistischen Yoga beibehalten. Es ist die grundlegende Lebensenergie. Die Yogis glauben, daß die Luft, die wir atmen, mit Prana aufgeladen ist. Wenn der Atem in die Lungen aufgenommen wird, begleitet ihn Energie. Sie glauben, richtiges Atmen steigere die Energie im Körper. Das wurde auch durch die moderne Wissenschaft bestätigt, und auch wenn die Worte zur Beschreibung der Beobachtungen sich unterscheiden, sind die meßbaren Wirkungen gleich.

Die indischen Weisen glaubten, die Energie bewege sich im menschlichen Körper auf bestimmten Bahnen und durch sieben Energiezentren, Chakras genannt. Sie dachten, die Menge an Prana, die vom Körper aufgenommen wird, habe eine Wirkung auf das äußere Energiefeld des Körpers. Sie glaubten auch, daß an der Wurzel der Wirbelsäule ein Energiereservoir existiere. Diese Energie, die sie Kundalini nannten, wurde durch eine dreieinhalbmal gewundene Schlange symbolisiert. Man glaubt, daß durch die Aufnahme von Prana und die Konzentration von Energie die Kundalinikraft durch die Zentren aufsteigt und sich in der Person als Quelle für Visionskraft und schöpferische Energie manifestiert.

Die Tibeter in den Klöstern Nordindiens nennen diese Lebenskraft „Tumo“. Die Mönche dieser Gegend sind fähig, in einer Höhe von 6000 Metern Temperaturen unter dem Nullpunkt vollkommen nackt auszuhalten. Zu den Einweihungsritualen gehört u.a. auch, unter denselben Bedingungen nasse Kleidung nur mit der eigenen Körperwärme zu trocknen. Das Wort Tumo bedeutet Wärme, Hitze und Feuer. Diese Mönche sind Meister dieser Energie in ihren Körpern, und wie man von ihnen weiß, können sie derart viel Wärme abstrahlen, daß sie mehr als sechs Meter um sich herum den Schnee zum Schmelzen bringen.

Die alten Chinesen gaben der Energie den Namen Ch'i. Es ist die Vitalkraft, die durch alle lebenden Dinge fließt. Die chinesische Praxis der Akupunktur basiert auf den Prinzipien dieser Energie. Die Energiebahnen oder -meridiane, durch die die Energie fließt, wurden eingehend beschrieben. Tatsächlich zeigen die Stellen, die die Bündelungspunkte für die Energie bilden, abweichende elektrische Eigenschaften im Vergleich zur umgebenden Haut. In den sechziger Jahren entwickelten die Russen das „Tobiskop“, einen Detektor, der dazu benutzt wurde, diese Eigenschaften zu messen und die Akupunkturpunkte zu lokalisieren. Heute sind solche Detektoren in jedem handelsüblichen Elektroakupunkturgerät integriert. Anhand eines optischen und akustischen Signals kann man erkennen, wann man mit der Elektroakupunkturnadel einen entsprechenden Punkt gefunden hat.

In den dreißiger Jahren entdeckte der russische Wissenschaftler Dr. Alexander Gurwitsch, daß alle lebenden Zellen eine unsichtbare Strahlung erzeugen, die er mitogenetische Strahlung nannte. Er behauptete, die kleinen Wurzeln frisch geschnittenen Gemüses sendeten mitogenetische Strahlen aus, solange der Zellkern nicht zerstört sei. Dabei wählte Gurwitsch die Wurzel einer frisch keimenden Zwiebel als „Sender“ und montierte sie in eine Röhre wie eine „biologische Kanone“. Er richtete die Wurzelspitze auf eine andere Zwiebelwurzel, die als „Empfänger“ diente und sich ebenfalls in einer Röhre befand. Diese Röhre war wie ein Fotoapparat an einer Stelle offen, so daß die Wurzel in einem bestimmten Bereich mit den mitogenetischen Strahlen der Senderwurzel „belichtet“ werden konnte. Nach drei Stunden zählte Gurwitsch, wieviele Zellen sich an der „belichteten“ Stelle befanden. In dem von der „biologischen Kanone“ beeinflußten Bereich fand er 25 Prozent mehr Zellen als im „nichtbelichteten“ Bereich.

Anschließend stellte er Quarzglas zwischen Sender und Empfänger und erzielte die gleichen Resultate. Als er Hefe als Empfänger einsetzte, erzielte er sogar eine Wachstumssteigerung von 30 Prozent. Gurwitsch entdeckte zudem, daß das Blut, die Augen und die Nerven von Menschen allesamt mitogenetische Strahlung aussenden. Wissenschaftler an einem französischen Hospital stellten fest, daß kranke Menschen, die Hefekulturen in ihren Händen hielten, diese durch ihre Ausstrahlung töten konnten. Gesunde Menschen dagegen konnten das Wachstum von Hefe steigern. Gurwitsch formulierte die Theorie eines biologischen Kraftfeldes, jedoch gerieten seine Entdeckungen für viele Jahre in Vergessenheit.[8]

Aus diesen Forschungen schlossen die Sowjets, daß alle Lebensformen diese Energie ausstrahlen und der Zustand dieser Energie sich beeinflussen läßt. Die Manipulation dieser Felder konnte zu positiven oder nachteiligen Wirkungen auf die Gesundheit führen. Außerdem bestätigten sie, was die Hindus schon lange gesagt hatten, nämlich, daß das Prana in der Luft enthalten ist und in Energie umgewandelt werden kann. Wie die Sowjets feststellten, enthält der Luftsauerstoff Energie, die sich in bioplasmische Energie umwandelt. Sie fanden auch heraus, daß bei Übungen mit Tiefenatmung der Körper neu belebt wird und gestörte Energiemuster im Körper regeneriert werden. Ihre Experimente bestätigten zudem, daß das Einatmen von mit negativen Ionen geladener Luft eine sehr effektive Methode zur Auflösung von Spannungen und Müdigkeit ist. Verschiedenfarbiges Licht kann zudem den bioplasmischen Körper beeinflussen.[9]

Die zahlreichen Forscher im Bereich der den menschlichen Körper umgebenden Energiefelder sind sich darin einig, daß sich diese Energie reflektieren, streuen, polarisieren und mit anderen Energieformen kombinieren läßt. Sie kann Effekte hervorrufen, die denen von elektrischem Strom, Magnetismus, Wärme und Licht ähneln, ist selbst jedoch keines der genannten Phänomene. Man stieß auch darauf, daß diese eigenartige, von Menschen abgestrahlte Energie auf ungeklärte Art durch bekanntermaßen leitfähige Stoffe, aber auch durch Materialien, die sonst als Isolatoren wirken, transportiert werden kann.

Wie man Bioenergiefelder und -ströme mißt

Es gibt eine Anzahl von Geräten, um die verschiedenen Energiefelder, die den Körper umgeben, zu messen und ihr Fließen graphisch darzustellen. Die neuen Techniken dienen schlicht zur Demonstration dessen, was die Chinesen schon vor Tausenden von Jahren wußten. Jetzt können wir die Größenordnungen dieser Energieströme und -felder bestimmen und sie aus der Welt von „Geheimnis und Religion“ in den Bereich wissenschaftlicher Untersuchung hineinbringen.

Neben den Unterschieden der elektrischen Eigenschaften der Haut umgibt alle lebenden Dinge auch noch ein elektrostatisches Spannungsfeld. Dieses Feld läßt sich mental beeinflussen. Die Unterschiede in den Energiezuständen eines Menschen lassen sich mit einer besonderen Art von Feldmeßgerät kartografieren.

Das Meßgerät ist in der Lage, die relativen Werte der Feldintensität um den Körper herum und in der Atmosphäre zu messen. Es zeigt sowohl das Potential als auch die Polarität und kann sehr einfach kalibriert werden. Im Grunde genommen ist es ein elektronisches Elektroskop mit einer Luftkondensatorsonde. Man kann damit bioenergetische Effekte bei Lebewesen und unbelebten Gegenständen messen. Selbst die durch den Herzschlag bewirkten Änderungen lassen sich noch in einem Meter Entfernung erfassen.

Darüber hinaus umgibt den Körper ein Magnetfeld. Die nötige Ausrüstung zur Messung dieses Feldes kann sehr kostspielig sein, und sie ist nur schwer zu bekommen. Flanagan nun schlägt eine andere Methode zur Messung der Magnetfeldveränderungen um einen Menschen herum vor: „Die Person, an der man die Messung vornehmen will, muß sich in Rückenlage auf den Boden legen. Ein gewöhnlicher Magnetkompaß wird einige Zentimeter über dem Solar-Plexus-Bereich aufgehängt. Wenn die Person dann einen starken Schmerzreiz erhält, z. B. einen heftigen Stich, verändert die Kompaßnadel deutlich ihre Ausrichtung.“ [10]

Die den Körper umgebende Energie weist eine komplizierte Struktur auf, auf die man durch innere und äußere Faktoren einwirken kann. Wir schwimmen in einem Energiemeer und bewegen uns darin zumeist, ohne etwas von ihm wahrzunehmen. Wir sind in die erdeigenen Magnetfelder und in die Felder zwischen der Erde und der Ionosphäre eingeflochten.

Sowjetische Wissenschaftler haben das Magnetfeld hellsichtiger Menschen gemessen und registrierten während der Demonstration bestimmter paranormaler Fähigkeiten dramatische Veränderungen dieser Felder.

Die Erde pulsiert 0,1 bis 100 Mal pro Sekunde, am intensivsten im Bereich von 8 bis 16 Hertz. Dieser Bereich entspricht den vorherrschenden Hirnfrequenzen des Menschen. Das menschliche Gehirn stellt sich auf diese Frequenzen ein. Mit anderen Worten: Unsere Gehirne schwingen mit den natürlich vorherrschenden Rhythmen der Erde.

Es wurde gezeigt, daß die Magnetfelder der Erde eine starke Wirkung auf das Leben ausüben. Pflanzen, denen der Zugang zu diesen natürlichen Magnetfeldern verwehrt wird, wachsen nicht richtig.[11]

Diese natürlichen Felder durchdringen und umgeben uns. Unsere modernen Wohn- und Bürohäuser neigen dazu, diese Felder zu verzerren oder abzuschirmen, und schneiden uns dadurch von diesen positiven Einflüssen ab. Wenn wir uns diesen Feldern nicht ausreichend aussetzen, kann dies zu Ermüdung, Reizbarkeit und Teilnahmslosigkeit führen.[12] Auch der als Elektrosmog kontrovers diskutierte Einfluß technisch erzeugter elektromagnetischer Felder (z.B. durch Mobilfunk, Haushaltsstrom etc.) nimmt stetig zu. Der englische Forscher John Davidson schätzt, daß die elektromagnetische Belastung heute ca. 200-millionenfach stärker ist als die, der unsere Vorfahren durch die Sonne und kosmische Einflüsse ausgesetzt waren. Diese technischen Felder unterscheiden sich in Qualität und Intensität deutlich von natürlichen elektromagnetischen Einflüssen.[13] So fand der international renommierte deutsche Experte Dr. Ludwig, Schüler von Prof. Dr. Schumann heraus, daß natürliche elektromagnetische Felder aus drei Komponenten zusammengesetzt sind:

1. den sog. Schumann-Wellen (die bekannteste hat eine Frequenz von 7,83 Hertz und wird populärwissenschaftlich auch als „Erdresonanz“ bezeichnet;
2. den sog. Geomagnetwellen, die durch Spurenelemente in der Erdkruste erzeugt werden; und
3. den sog. Solarwellen im Mikrowellenbereich.

Erst die harmonisch abgestimmte Mischung dieser drei Arten von elektromagnetischen Wellen ergibt das, was als natürliches und biologisch gesundes Erdmagnetfeld bezeichnet wird.

Inzwischen sind äußerst kleine, sehr wirksame Geräte auf dem Markt, die ein gesundes und natürliches bioelektrisches Milieu nachstellen. NASA-Astronauten z.B. werden seit Jahren mit solchen Geräten im Weltraum in guter physiologischer und psychologischer Verfassung gehalten. Man fand heraus, daß das Fehlen des natürlichen Erdmagnetfeldes im Weltraum gravierende Störungen bei den Astronauten hervorrief. Erst die Simulation eines natürlichen Erdmagnetfeldes löste die Probleme. Dr. Ludwig – Entwickler solcher Systeme – wies zudem darauf hin, daß gemäß Aussagen von NASA-Mitarbeitern auch im Golfkrieg tragbare Magnetfeldgeneratoren[14] zum Einsatz kamen, um amerikanische Soldaten vor den Auswirkungen elektromagnetischer Waffensysteme abzuschirmen. Patrick Flanagan erklärt die Wirksamkeit der sehr kleinen Geräte mit dem „Nahfeldeffekt". Selbst ein schwacher, jedoch körpernaher Impuls reicht aus, um wesentlich stärkere, aus der Umgebung ankommende Impulse zu überlagern und damit wirkungslos zu machen. Viele Menschen, die negative Auswirkungen von elektrischen Anlagen befürchten, benutzen heute mobile Magnetfeldgeneratoren.

Wilhelm Reich und die Orgonenergie

Der aus Galizien stammende Mediziner Dr. Wilhlem Reich (1897-1957) war bereits in jungen Jahren Lieblingsschüler und enger Mitarbeiter des „Vaters der Psychoanalyse", Sigmund Freud. Später wandte er sich der Triebforschung und deren, wie er vermutete, bioelektrischen Grundlagen zu. Anders als Freud nahm er eine körpereigene elektrische Energie als Ursache mentaler, emotionaler und letztlich physischer Krankheiten an. Seine Forschungen und auch seine impulsive Natur ließen ihn jedoch schon bald zum Außenseiter des wissenschaftlichen und politischen Establishments werden. Während seine Bücher in Deutschland von den Nazis verbrannt wurden, flüchtete der von der Kommunistischen Partei und der Internationalen Psychoanalytischen Gesellschaft ausgeschlossene Reich nach Norwegen. Zufällig entdeckte er dort unter dem Mikroskop eigenartige bläuliche Erscheinungen, die offenbar von gewöhnlichem Quarzsand ausgingen. Was ihn aber zutiefst erschütterte war die Tatsache, daß diese bläulichen Erscheinungen auch bei geschlossenen Augen wahrnehmbar waren!

Im Laufe seiner Forschungen kam Reich zu der Überzeugung, daß diese bläulichen Erscheinungen, die er Bione taufte, eine wichtige Rolle bei der Entstehung des Lebens spielen mußten. Er entwickelte klobige, schrankartige Apparaturen, mit denen er die Anzahl der Bione erhöhen, sie verdichten konnte. Das Geheimnis hierbei war es, Kästen zu verwenden, die aus abwechselnden Schichten leitenden und nichtleitenden Materials (Schafwolle und Stahlwolle) bestanden. Menschen, die sich in diese Kästen hineinsetzten, spürten eine stark anregende, angenehme und aufladende Wirkung, ein emotionales und körperliches Erstrahlen. Später wurde dieses Phänomen „Plasmatisches Strömen" genannt. Blieb man zu lange in dem Kasten, konnten jedoch Übelkeit und Schwindelgefühl einsetzen, ganz ähnlich den Symptomen eines Sonnenstichs.

Reich folgerte, daß er auf eine grundsätzliche, nicht-elektrische bioaktive Energieform gestoßen sei, die allem Lebendigen zugrunde liegt. Seine weiteren Forschungen im Bereich Sexualität und Triebenergie ergaben, daß diese in wissenschaftlichen Kreisen unbekannte Energieform mit Lust, Sexualität und Lebenskraft in Zusammenhang steht. Deshalb nannte er sie „Orgon", eine Wortschöpfung die auf die Begriffe „Orgasmus" und „organisch" Bezug nimmt. Jedoch brachte Wilhelm Reich die Entdeckung der Lebensenergie kein Glück. Er wurde immer mehr zum wissenschaftlichen Außenseiter, mußte schließlich Norwegen verlassen und emigrierte in die USA. Im Laufe einer juristischen Auseinandersetzung in Zusammenhang mit seiner bioenergetischen Grundlagenforschung wurde er schließlich zu zwei Jahren Haft wegen Mißachtung des Gerichtes verurteilt. Es wurde gerichtlich verfügt, daß Reichs Lebensenergie nicht existiere. Er starb kurz vor seiner Haftentlassung unter bis heute ungeklärten Umständen. Seine Forschungseinrichtung wurde von Bundesbeamten zertrümmert, seine Bücher 1957 öffentlich in den USA verbrannt.[15]

Patrick Flanagan vollzog alle Experimente Reichs nach und kam zu der Erkenntnis, daß Orgon Teil der Energieform ist, die im Laufe der Menschheitsgeschichte mit über 700 Namen belegt wurde. Besonders interessant waren für ihn die sehr ungewöhnlichen Eigenschaften von Reichs Energiekästen, die Orgonakkumulatoren genannt wurden. Im Aufbau glichen sie einem sehr großen elektrischen Kondensator mit der Fähigkeit, sich durch das natürliche elektrostatische Feld der Erde aufzuladen. Doch wie ließ sich die Tatsache der enormen Intensität von Reichs Orgonakkumulatoren mit den von Patrick studierten Pyramidenenergien vereinbaren? Im Gegensatz zur hochpräzisen Geometrie einer Pyramide war Reichs Akkumulator eine äußerst primitive Konstruktion.

Pyramidenforschung

Flanagan unterzog ältere Untersuchungen der Pyramiden, die andere Forscher durchgeführt hatten, einer Prüfung. Er wiederholte die Arbeiten des Franzosen André Bovis, der die sonderbaren Energiemerkmale der Pyramiden erkannt hatte, durch die Fleisch konserviert wird.

Bovis besuchte die Große Pyramide von Gizeh in den späten dreißiger Jahren, als er in Ägypten Urlaub machte. In der Königskammer bemerkte er eine Art Mülleimer, der bis zum Rand mit kleinen toten Tieren gefüllt war. Es handelte sich um vollständig mumifizierte Katzen, Hunde und Mäuse, die nicht die geringste Spur von Verwesung oder Verfall zeigten. Als Bovis einen Wärter fragte, erfuhr er, daß sich von Zeit zu Zeit kleine Tiere in den riesigen Strukturen der Pyramide verliefen und letztlich verhungerten. Die Pyramidenwärter sammelten die toten Körper dann ein und deponierten sie in den Mülleimern. Dort lägen sie so lange, bis der Eimer voll sei und die Tiere begraben würden. Danach begänne man mit einem neuen Eimer. Dieses Ritual wird vermutlich seit Jahrtausenden praktiziert.

Bovis bemerkte keinerlei Verwesungsgeruch und entschloß sich, einige der Tiere näher zu untersuchen. Sie waren vollständig erhalten, und weil er dafür keine Erklärung finden konnte, ließ ihn diese Entdeckung nicht mehr los. Als erstes baute er nach seiner Heimkehr ein Pyramidenmodell mit einer Kantenlänge von ca. einem Meter aus Sperrholz und legte eine soeben verstorbene Katze in dem Bereich ab, der bei der Großen Pyramide der Position der Königskammer entspricht. Nach einer Woche hatte er eine perfekt mumifizierte Katze ohne Anzeichen von Verwesung! Weitere Versuche mit leicht verderblichen Lebensmitteln wie Milch, Leber, Hackfleisch u.ä. folgten, ohne daß Anzeichen von Fäulnis beobachtet werden konnten. Proben der gleichen Lebensmittel, der Kontrolle halber außerhalb der Pyramide plaziert, mußten regelmäßig ausgetauscht werden, weil sie in kürzester Zeit verdarben.[16] Bovis veröffentlichte seine Forschungsergebnisse, wurde jedoch kaum zur Kenntnis genommen. Eine deutsche und eine italienische Molkerei verpackten ihre Milch bis vor einigen Jahren in pyramidenförmigen Milchtüten. Die italienische

Molkerei warb damit, daß ihre Milch angeblich ohne Kühlung unbegrenzt haltbar sei.

Patricks Forschung profitierte von neuen, hochempfindlichen Meßgeräten. Durch deren Einsatz konnte Flanagan nachweisen, daß diese geheimnisvolle Energie im gesamten Inneren wie auch an der Spitze der Pyramide vorhanden ist. Gemäß Bovis' Angaben konzentrierte sich die Energie im Bereich der Königskammer, die sich, von der Grundfläche gemessen, auf Höhe eines Drittels der Pyramide in der Mittelachse befindet. Flanagan fand jedoch heraus, daß die Energie überall in der Pyramide vorhanden war. Mit einem einfachen Pyramidenmodell aus Karton konnte er zeigen, daß sich die von Bovis verwendeten Lebensmittel an jeder Stelle innerhalb der Pyramide mumifizieren ließen. Flanagan untersuchte andere Pyramidenformen mit unterschiedlichen Proportionen, und wie er feststellte, wies keine die besonderen Wirkungen der Pyramide von Gizeh auf.

Bei näherer Betrachtung ist die Mathematik, auf der die Cheopspyramide aufbaut, nicht besonders kompliziert. Die Zahlenverhältnisse, die sich in den Proportionen der Pyramide ausdrücken, stehen in direkter Beziehung zur „Mathematik" von Lebewesen. Die im Körper von Menschen, Pflanzen und Tieren gespiegelten Proportionen finden ihre mathematische Entsprechung in Form und Struktur der Großen Pyramide als Phi. Die Gestalt der Cheopspyramide könnte Energie in eine besondere, festgelegte Bahn zwingen, durch die Energie gebündelt wird. Man kann sich die Pyramide als riesige Maschine ohne bewegliche Teile vorstellen.

Die Große Pyramide ist eine exakte mathematische Struktur auf der Grundlage des mathematischen Verhältnisses von Phi und Pi. Grundsätzlich kann man die Pyramide auf die Mathematik von Phi zurückführen, denn Pi läßt sich mathematisch als Funktion von Phi audrücken. Was aber ist Phi? Auch

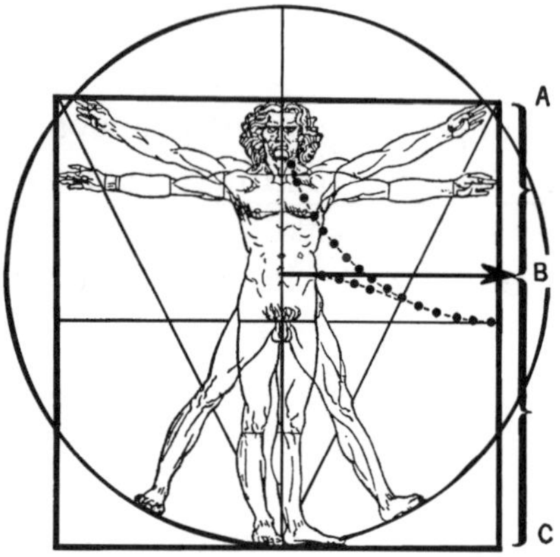

Leonardo da Vincis Skizze zeigt den Goldenen Schnitt als Basis der Proportionen des menschlichen Körpers. Dieses heilige Maßverhältnis kommt überall in der Natur vor. Seine Beziehungen liegen auch den Maßen der Großen Pyramide zugrunde.

hier vermischen sich wiederum Wissenschaft, Religion und Mystik.

Phi ist eine mystische Zahl, die von den alten Meistern in den Proportionen von Architektur und Malerei verwendet wurde.[17] Die Baumeister und Maler der Renaissance verstanden diese Zahl. Diese Künstler begriffen sie als das dem menschlichen Auge angenehmste Maßverhältnis. Sie nannten dieses Zahlenverhältnis den Goldenen Schnitt. Es wird auch als Phi bezeichnet. Dieses Zahlenverhältnis beruht auf einer eigentümlichen Summenfolge, die so alt ist wie die Natur selbst. Blätter z.B. verteilen sich entsprechend folgender Zahlenreihe:

1, 2, 3, 5, 8, 13, 21, 34, 55, 89, 144, 233, 377, 610, 987... etc.

Die Zahlenreihe ist heute als Fibonacci-Reihe bekannt, benannt nach dem italienischen Gelehrten Leonardo von Pisa (Fibonacci), geht aber angeblich bis auf Pythagoras zurück.

Man addiert die erste Zahl mit sich selbst und addiert dann die jeweils vorherige Zahl:

1+1=2, 2+1=3, 3+2=5 ... etc.

Modernste Gehirnforschung hat gezeigt, daß sich sogar die Gehirnwellen von Mystikern und Yogis auf dem Weg in einen höheren Bewußtseinszustand entlang dieser Zahlenverhältnisse der heiligen Geometrie verändern. Dabei bauen sich sehr langsame Gehirnfrequenzen spiralartig auf und erhöhen ihre Frequenz so lange schubweise entlang der Fibonacci-Reihe, bis der Adept vollständig entrückt ist.[18]

Um nun das Zahlenverhältnis zu berechnen, auf dem der Goldene Schnitt bzw. die Zahl Phi beruht, teilt man einfach eine Zahl aus der Fibonacci-Reihe durch die ihr vorhergehende:

2:1= 2,0000000
3:2= 1,5000000
5:3= 1,6666666
8:5= 1,6000000

233:144=1,6180555
377:233=1,6180257

Je größer die gewählten Zahlen, desto mehr nähert sich das Verhältnis der Zahl Phi, dem Goldenen Schnitt, an. Auf der gleichen Relation basiert auch die menschliche Anatomie.

Die Dimensionen der Pyramide verdienen einige Aufmerksamkeit. Die Größe der Pyramide ist enorm. Die Präzision ihrer Konstruktion übertrifft unsere heutigen Möglichkeiten. Das Grundmaß für ihre Konstruktion, das Pyramidenzoll, entsprach einem Fünfhundertmillionstel des Poldurchmessers der Erde. Basierend auf dieser Einheit gibt die Pyramide die Länge eines Erdenjahres mit 365,24 Tagen wieder. Die Temperatur in der Königskammer beträgt gleichbleibend 20 Grad Celsius, angeblich die Idealtemperatur für Gesundheit und langes Leben.

Verlängert man die Grundachsen der Pyramide geradlinig um die Erde herum, so teilen diese Linien die Landmasse der Erde jeweils in zwei gleich große Teile. Die Genauigkeit der Ausrichtung ist unglaublich. Daß die notwendige Mathematik für eine solche Planung so weit entwickelt ist, zeigt, wie wenig Ahnung wir von dem Wissensstand unserer Vorfahren haben.

Versuche mit der Pyramidenenergie

Für Patrick Flanagan war es wichtig, die Auswirkungen der Gestalt zu demonstrieren. Der tschechische Radioingenieur Karel Drbal hatte nachgewiesen, daß eine abgenutzte Rasierklinge wieder scharf wurde, wenn man sie in einer Pyramide aufbewahrte. Er war einer der wenigen, der Bovis' Pyramidenexperimente ernst nahm und zu experimentieren begann. Nachdem er Bovis' Experimente nachvollzogen hatte, begann er eigenes unerforschtes Gebiet zu betreten. Ein großes Problem in kommunistischen Ländern war die Verfügbarkeit guten Rasierklingenstahls. Russische Soldaten bekamen nur eine Rasierklinge pro Monat, die jedoch leider nur für zwei bis drei Rasuren ausreichte. Drbal fragte sich, ob die mysteriöse Pyramidenenergie sich auch auf die Haltbarkeit von Rasierklingen auswirken würde. Er erinnerte sich an seine eigene Militärzeit und daran, daß sich die Kameraden gegenseitig Streiche spielten, indem sie sich nachts Rasierklingen stahlen. Die Rasierklingen wurden dann auf das Fensterbrett gelegt, wo sie vom polarisierten Mondlicht angestrahlt wurden. Am Morgen waren die Rasierklingen ohne erkennbare Spuren einer Einwirkung dann stumpf.

Drbal rasierte sich mehrmals mit derselben Klinge, bis sie stumpf war, um sie dann in eine selbstgefertigte kleine Pyramide aus Karton zu legen. Als er nach einem Tag die Rasierklinge überprüfte, war sie wieder scharf. Diesen Prozeß – abnutzen und wieder schärfen – konnte er mit einer einzigen Rasierklinge zweihundertmal wiederholen! Die Nachricht verbreitete sich rasch in seinem Freundeskreis, und bald begannen bereits die ersten Soldaten, ihre Rasierklingen mit selbstgefertigten kleinen Pyramiden zu schärfen.[19] Drbals Freunde drängten ihn, ein Patent für das Verfahren zu beantragen. Nach zehnjähriger Verzögerung von Seiten des Patentamts erhielt er schließlich das Patent.[20]

Flanagan wiederholte Drbals Versuche. Daraufhin konnte er mit seinen Klingen ebenfalls mehr als 200 Rasuren durchführen, während sie sonst nur drei bis vier Rasuren lang hielten. Drbal hatte vermutet, daß die Kristallstruktur der Rasierklinge verändert wurde. Nach Patricks Theorie hingegen konnte der Effekt auf das bekannte Prinzip zurückzuführen sein, nach dem elektromagnetische Energie sich an den spitzesten Punkten eines Objekts entlädt.

Zur Analyse der Energie setzte Flanagan Kirlian-Fotografie, galvanische Hautwiderstandsmessungen der Akupunkturpunkte und einen Alphawellendetektor ein. Zudem erfaßte er die subjektiven Reaktionen seiner Testpersonen mittels Fragebögen.

Bei den Versuchen mit Kirlian-Fotografie gelang ihm der Nachweis, daß in der Energie, die Lebewesen umgibt, meßbare Veränderungen stattfinden. Dazu nahm er ein Kirlian-Foto von einem der Finger jeder Testperson auf, ehe sie in einer Acrylpyramide Platz nahm. Die Testpersonen hielten sich jeweils exakt eine Minute in der Pyramide auf. Sofort nach Ablauf der Minute wurde eine Kontrollaufnahme gemacht, die in allen Fällen eine Veränderung in der Energiestruktur dokumentierte. Flanagan hatte sein Kirlian-Gerät in einer Dunkelkammer aufgebaut und benutzte nur unsichtbares ultraviolettes Licht, das die Aufnahmen nicht beeinflußte. Insgesamt nahm er mehrere hundert Kirlian-Fotos von den Fingern seiner Testpersonen auf. Dabei wurde jeweils eine Aufnahme vor und nach der Anwendung von Pyramidenenergie gemacht. Flanagan konnte allgemein eine Zunahme der Größe sowie der Brillanz der Energieabstrahlungen auf den Aufnahmen feststellen, die nach den Pyramidensitzungen angefertigt wurden. Als er Farbfilm statt des üblichen Schwarzweißfilms verwendete, bemerkte er im Verlauf der Experimente zudem geringfügige farbliche Veränderungen in den Energieabstrahlungen der Testpersonen.

Dieselben Versuche führte Flanagan mit Pflanzen durch – mit verblüffenden Ergebnissen. Von einer Geranie wurde ein Blatt abgetrennt, eine halbe Stunde lang liegengelassen und anschließend fotografiert. Das Foto zeigte nur noch sehr wenig Energie um das Blatt herum – es starb. Nach einer fünfminütigen Behandlung in einer Pyramide verstärkte sich das Energiefeld um das Blatt deutlich.

Flanagan benutzte Geräte zur Messung des galvanischen Hautwiderstands, um Pflanzen zu untersuchen, die sich innerhalb einer Pyramidenstruktur befanden. Dazu wurden zwei Silberelektroden auf einem Blatt befestigt, ohne die Pflanze zu verletzen. Der Gesamtwiderstand verringerte sich dramatisch, sobald die Pflanze in die Struktur gesetzt wurde, es sei denn, die Pflanze schlief. Bei schlafenden Pflanzen konnte er keinerlei Veränderungen des Gesamtwiderstandes messen. Durch den Ausschlag des Anzeigeinstruments wurde eine Reaktion der Pflanze erkennbar, wenn eine weitere Person den Raum betrat oder wenn sich die Farbe des Lichts änderte. Außerdem reagierte die Pflanze auf Änderungen des Herzschlages und des Belastungszustandes oder auf die Gedanken

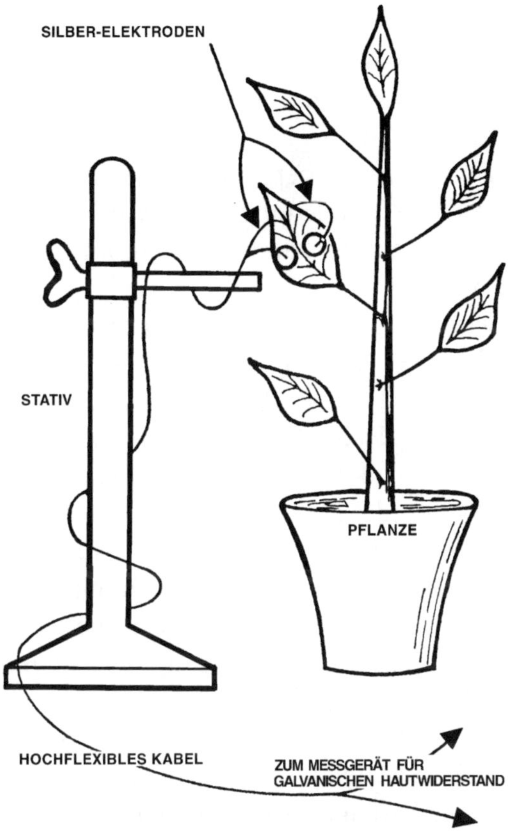

Typische Anordnung zur Messung der Wirkung einer Pyramide auf den galvanischen Oberflächenwiderstand von Pflanzen

des Beobachters. Es wurde mehrfach beobachtet, daß Pflanzen oszillierende Signale produzierten, die im Rhythmus dem Herzschlag des Experimentators glichen.[21]

Auch an menschlichen Testpersonen wurden galvanische Hautwiderstandsmessungen durchgeführt. In allen Fällen traten rasche Änderungen des Hautwiderstands auf, wenn die Personen sich wenigstens fünf Minuten lang in einer Pyramidenstruktur aufhielten. Der Hautwiderstand zwischen Akupunkturpunkten verringerte sich in einigen Fällen von 150 000 auf 2 500 Ohm. Es schien, als gliche die Pyramidenstruktur das Fließen der Ch'i-Energie zwischen den Akupunkturmeridianen aus. Besonders ausgeprägt war dieser Effekt, wenn eine kleine Pyramide auf den Kopf gesetzt wurde, wobei die Elektroden für die Hautwiderstandsmessung im Bereich der Ohren plaziert waren.

Massiv positive Ergebnisse gab es bei Pflanzenwuchsversuchen mit Alfalfa-Sprossen. Flanagan verfolgte dabei drei verschiedene Ansätze: 1. Wasserbehandlung vor dem Gießen der Pflanzen, 2. direkte Behandlung der Pflanzen, indem man sie in eine Pyramidenstruktur stellte, und 3. Behandlung von Saatgut in einer Pyramide. Die direkte Behandlung der Pflanzen und die Wasserbehandlung erbrachten die besten Ergebnisse. Die geringsten Wirkungen zeigte die Samenbehandlung, obwohl auch sie zu Veränderungen führte. Die Pflanzen wuchsen zwei- bis dreimal schneller und hielten sich nach dem Abpflücken doppelt so lange frisch.

Eine andere bemerkenswerte Eigenschaft von Pyramiden ist die, daß sie offenbar den Geschmack von Lebensmitteln verbessern können. Flanagan führte Untersuchungen an insgesamt 48 Testpersonen durch, die er Lebensmittel ohne und Lebensmittel mit Pyramidenbehandlung kosten ließ. Die Lebensmittel – z.B. Obst und Gemüse – wurden jeweils in zwei Teile geschnitten, so daß man Geschmacksvariationen vor der Pyramidenbehandlung ausschließen konnte. Es handelte sich um Proben unterschiedlicher Geschmacksrichtungen, z.B. süß, sauer, bitter etc. Die jeweiligen Proben wurden in numerierte Papierbehälter gegeben und jeweils eine Hälfte fünf Minuten lang mit Pyramidenenergie behandelt, während die andere Hälfte zur Kontrolle unbehandelt blieb. 40 von 48 Testpersonen stellten eindeutige geschmackliche Verbesserungen bei den mit Pyramidenenergie behandelten Lebensmittelproben gegenüber den unbehandelten fest. Bei den acht Testpersonen, die keine geschmacklichen Unterschiede bemerkten, stellte Flanagan fest, daß es sich um Menschen handelte, die entweder starke Raucher waren oder sehr viel Alkohol zu sich nahmen. Insgesamt erwies sich: Bittere und saure Lebensmittelproben verloren ihren „Biß" und schmeckten milder; Süßes schmeckte süßer; Kaffe verlor seine Bitterkeit und schmeckte, als sei er entsäuert worden; sogar schwerer, schwarzer Tabak aus Mexiko verlor seinen rauhen Geschmack und war nach der Pyramidenbehandlung eher vergleichbar mit milden Sorten aus Virginia. Raucher, die ganze Zigarettenpäckchen zur Behandlung mit Pyramidenenergie zur Verfügung stellten, gewöhnten sich so sehr an die neue, bessere Qualität ihrer Zigaretten, daß sie keine unbehandelten Zigaretten mehr rauchen wollten.

Heilige Geometrie und Biokosmische Energien: der Sensor[22]

Tibetische Mystiker sprechen seit Tausenden von Jahren davon, daß bestimmte geometrische Formen besondere Kräfte haben. Wie sie glauben, können diese Formen tiefgreifende Auswirkungen auf unsere Körper- und Geisteszustände haben. Die Tibeter haben eine Yogaform entwickelt, die sie Yantra nennen. Im alten Sanskrit bedeutet Yantra-Yoga geometrische Formkraft.

Neben der Pyramidenenergie untersuchte Flanagan auch die Wirkung des Yantra. Er stellte fest, daß die Energie, die von bestimmten Formen ausgeht, beeindruckende Ähnlichkeiten mit der Energie aufweist, die die Pyramiden bündeln und abstrahlen.

Als Ergebnis seiner Untersuchungen entwarf er ein besonderes Energiedesign, das er als Metallmedaillon pressen ließ.

Shri Yantra

Das dominante Gestaltungselement des Sensors ist ein Muster, das aus sogenannten Shri Yantras zusammengesetzt ist. Shri Yantras sind Dreiecke mit den Winkelmaßen der Großen Pyramide von Gizeh. Flanagan fand zudem heraus, daß die sternenförmige Anordnung mehrerer Shri Yantras in genau berechneten Größenverhältnissen einen enorm starken Empfänger für biokosmische Energie ergibt. Diese Medaillons kann man sich als Maschinen ohne bewegliche Teile vorstellen, die keinerlei Kraftquelle benötigen außer den Energiefeldern, die die Geräte natürlicherweise umgeben. Er nannte sie Sensor I, II, III und Phi-Strahlenfigur.[23]

Flanagan bezeichnet diese Energieempfänger als „logarithmisch-periodisch gestimmte paramagnetische Verstärker im unteren Infrarotbereich". Damit meint er, daß sie allein aufgrund ihrer Form, nicht aufgrund des Materials, aus dem sie bestehen, wirksam biokosmische Energien anziehen und übertragen können. Dieser Energiebereich, so fand Dr. Philip Callahan von der Universität von Gainesville in Florida heraus, spielt eine wichtige Rolle in allen lebenden Organismen, einschließlich des menschlichen.

Ein Medaillon von drei Zentimetern Durchmesser kann genauso viel Energie konzentrieren wie eine zwei Meter hohe Pyramide. Das Energieniveau einer Person, die ein solches Medaillon bei sich trägt, wird dadurch deutlich angehoben. Mit sehr empfindlichen Instrumenten, die bioenergetische Felder und Abstrahlungen wahrnehmen können, sind die Effekte dieser Medaillons nachgewiesen worden.

Callahan verfügt über ein Instrument, das subtile Energieabstrahlungen messen kann. Es heißt Fourier-Transformations-Interferometer und kann kohärente (laserartige) Energie im unteren Infrarotbereich aufspüren. Es ist das erste je gebaute Gerät, mit dem sich diese Energie messen läßt. Hergestellt wurde es Anfang der achtziger Jahre vom Digi-Lab in Cambridge, Massachusetts.

1981 entdeckten Callahan und Flanagan, daß die geometrische Gestaltung der Sensoren wie ein leistungsfähiger paramagnetischer Verstärker für den infraroten Wellenbereich wirkt. Früher bezeichnete man diesen siebzehn Oktaven breiten Bereich als X-Band, da die Wissenschaftler über keine Detektoren verfügten, um die einzelnen Wellenlängen, die dieser Bereich umfaßt, zu unterscheiden. Flanagan zufolge ist dieses innerhalb des Wellenspektrums der Bereich mit der größten Bandbreite. Dabei ist gerade dieser Spektralanteil noch am wenigsten erforscht.

Wie die Forschung dieser beiden Wissenschaftler bestätigte, wird innerhalb dieses Bereichs Energie freigesetzt, wenn eine Person bestimmte Worte ausspricht oder singt, wie z. B. das Wort „AUM“ oder andere Mantras. Wenn der Sensor nahe an das Fourier-Transformations-Interferometer gebracht wurde, verstärkte sich die freigesetzte und gemessene Energie enorm. Der Sensor wirkte als starker paramagnetischer Verstärker, der 33 organische Moleküle dazu anregte, kohärente Laserwellen im Bereich von 33 Mikrometer bis 1 Millimeter abzugeben. Dieser Wellenlängenbereich wird als biologisch wichtig angesehen.

Versuche, die die Wissenschaftler mit einem Oberflächen-Ringtensiometer (einem Gerät, das zur Messung der Oberflächenspannung von Flüssigkeiten benutzt wird) durchführten, ergaben einen enormen Anstieg des Gehaltes freier Energie von Wasser. Gewöhnliches Wasser hat bei Raumtemperatur eine Oberflächenspannung von 73 dyn pro Zentimeter. Wenn die Oberflächenspannung bei gleichbleibender Temperatur verringert wird, erhöht sich die Menge an freier Energie. Von Flanagan durchgeführte Tests ergaben, daß die Oberflächenspannung des Wassers innerhalb weniger Augenblicke um bis zu 20 dyn/cm herabgesetzt werden kann, allein dadurch, daß ein Sensor in die Nähe des Wassers gehalten wird. Diese Veränderung weist auf einen ganz enormen Anstieg der verfügbaren Energie hin.

Dr. Sheldon Deal, Präsident der Internationalen Akademie für angewandte Kinesiologie in Tucson, Arizona, führte Versuche mit dem Sensor durch. Ihn erstaunten die Wirkungen des Sensors, wenn dieser auf den Körper einer Testperson gelegt wurde oder sich in dessen unmittelbarer Nähe befand. Wie er feststellte, war die stärkende Wirkung so kräftig, daß er bei seinen Patienten keine Schwächezustände mehr diagnostizieren konnte, sobald diese das Medaillon bei sich trugen. Vor den kinesiologischen Tests mußte der Sensor entfernt werden.

10^{29}	10^{26}	10^{18}	10^{16}	$1{,}75x10^{14}$	10^{14}	10^{12}	10^{10}-10^{4}	50-0
Kosmische Strahlung	Gamma-strahlung	Röntgen-strahlung	Ultra-Violett	Sichtbares Licht	Infrarot-Licht	Mikro-wellen-Radar	Radio TV	ELF

Frequenzbereiche des elektromagnetischen Energiespektrums (in Hertz = Schwingungen pro Sekunde)

Zusammenfassend läßt sich sagen, daß biokosmische Energie einen profunden Einfluß auf die belebte und unbelebte Natur hat. Besonders interessant hierbei ist, daß zum Anzapfen dieser Energiequellen bereits geometrische Muster hocheffektiv wirksam sind, wie Flanagans Arbeit mit den Shri Yantras zeigte. Mystiker, Weise und Herrscher aller Zeiten wußten um diese Zusammenhäge und nutzten sie für ihre spirituelle Entwicklung oder aber auch zur Steigerung der persönlichen Macht. Form, Farbe, Struktur und Klang interagieren mit der uns umgebenden biokosmischen Energie.

Das Konzept der biokosmischen Energie wird jedoch in etablierten Wissenschaftskreisen noch immer als Aberglaube und Mystizismus abgetan. Der Staat Kalifornien hatte bis vor kurzem ein Gesetz, das Müttern wegen „obszöner Betätigung" das Stillen in der Öffentlichkeit bei Strafe verbot. Gleichzeitig predigen die Massenmedien Gewalt und Tod. Wir müssen uns fragen, ob mit unserer Kultur eigentlich noch alles in Ordnung ist, wenn ein grundsätzliches Lebensprinzip – das der uns umgebenden biokosmischen Lebensenergie – geleugnet wird. Die zunehmende Technisierung berücksichtigt den Faktor Mensch als Teil eines dynamischen, interaktiven Gesamtsystems überhaupt nicht und verbreitet mehr und mehr lebensfeindliche Technologien.

Bereits Wilhelm Reich wies in den späten fünfziger Jahren auf die zunehmende Verseuchung der uns umgebenden Lebensenergie durch Hochfrequenzstrahlung und Atomtechnologie hin. Der Grundlagenforscher wurde verfolgt und starb im Gefängnis. Chinesische Unternehmen, die viele Millionen Dollar in den Bau neuer Wolkenkratzer stecken, kämen niemals auf den Gedanken, solch ein Unternehmen durchzuführen, ohne einen Lebensenergieberater, einen Feng-Shui-Meister zu konsultieren, der eingehend alle für das freie Fließen von Lebensenergie (Ch'i) notwendigen Faktoren prüft und den

Architekten Vorgaben macht. Dabei geht es weniger um die bloße Wahrung einer Tradition als solcher. Denn für die Chinesen bedeutet fließende Lebensenergie Wohlstand, Gesundheit und ein erfülltes Leben. Sie wären niemals so verrückt, diesen Faktor in ihrem Leben zu mißachten.

Und wie sieht es bei uns im Westen aus? Wir sollten nicht darauf warten, daß die Idee der uns umgebenden Lebensenergie allgemein, sozusagen von Amts wegen, anerkannt wird. Jeder einzelne kann sofort die bioenergetischen Umstände, in denen er lebt, verbessern und somit einen wichtigen Beitrag für seinen persönlichen Lebenserfolg leisten. Dies wiederum wird sich auf sein Umfeld auswirken, wodurch jeder einzelne ein Stück weit dazu beitragen kann, diese Welt, die scheinbar auf einen Abgrund zurast, zu verbessern. Fangen wir bei uns selbst an. Selbst die längste Reise beginnt mit dem ersten Schritt...

Kapitel 6

Positives Sein durch negative Ionen

Während Patrick Flanagan in den siebziger Jahren bei der Firma Listening Incorporated arbeitete und Forschungen an der Tufts-Universität betrieb, war er häufig als Berater für andere Projekte tätig, was ihm zusätzliches Geld einbrachte, das er für seine Arbeit verwenden konnte. Dadurch war es ihm möglich, regelmäßig Neuanschaffungen für seine heimische Forschungsstätte zu tätigen und sich ein anspruchsvolles Labor einzurichten. Ständig arbeitete er an neuen Ideen und fügte seiner Liste von Erfindungen neue hinzu.

Er sah ein, daß nicht alle Erfindungen zu dem Zeitpunkt, zu dem er auf sie stieß, in Produktion gehen konnten. Es wäre viel zu viel Kapital nötig gewesen, um all diese Erfindungen zur Produktreife zu bringen, und in den sechziger und siebziger Jahren war der Markt für Ideen zu beschränkt. Wenn er die Ideen patentieren ließe, dann würden viele der Patente, so schien es, bereits abgelaufen sein, ehe für sie ein sicherer Markt geschaffen sein könnte oder ehe genug nötiges Kapital zur Verfügung stand, um eine Produktion zu starten. Folglich begann er, seine Ideen zu katalogisieren und sie für zukünftige Anwendungen zu archivieren, ohne sich um Patente zu bemühen. Bis 1996 war die Liste auf mehr als dreihundert verschiedene Ideen angewachsen.

Flanagan hatte eine Angewohnheit, die für die zügige Realisierung von Einzelprojekten eher hinderlich war: Er versuchte, an zig Projekten gleichzeitig zu arbeiten. Doch schließlich fing er an, seine Bemühungen auf weniger als ein Dutzend Projekte zur Zeit zu konzentrieren.

Nachdem das Delphin-Projekt bei Listening Incorporated nicht mehr weitergeführt wurde, zog er mit Anfang 20 nach Los Angeles. Dort wurde er auf die schädlichen Auswirkungen der zunehmenden Luftverschmutzung auf die Gesundheit des Menschen aufmerksam. Wenn die Entwicklung so weiterging, so stellte er fest, würden sich die langfristigen Auswirkungen in den kommenden Jahren als verheerend erweisen. Die Menge dieser winzigen Partikel, die wir in stark verschmutzten Städten einatmen, kann die Größenordnung von bis zu zwei Eßlöffeln täglich erreichen. Die Mehrzahl dieser Partikel ist so fein, daß sie sich in den Lungen ablagern, in die Blutgefäße eindringen und zu Gesundheitsproblemen führen. Diese Teilchen setzen sich aus Bakterien, Viren, Asbest und anderen Elementen zusammen. Heutzutage scheinen die Menschen in den modernen Städten häufiger krank zu werden, denn ihr Immunsystem befindet sich in ständigem Alarmzustand, während es sich gegen die Auswirkungen dieser Giftstoffe wehrt und zugleich andere natürliche Abwehrsysteme des Körpers aufrechterhält. Am stärksten betroffen sind Menschen, die an Asthma und Allergien leiden. Wir erleben, wie diese Krankheiten sich mit alarmierender Geschwindigkeit ausbreiten. Man schätzt heute, daß etwa 40 Prozent der Bevölkerung unter atmungsbedingten Krankheiten und Allergien leidet, die mit den über die Lungen aufgenommenen Schadstoffen zusammenhängen.

Vor dreißig Jahren beschäftigte Flanagan nicht nur das Problem der Außenluft. Wie er feststellte, waren die Probleme mit der Luft in Innenräumen vielleicht sogar noch größer. Er bemerkte, daß Rauch, Haushaltschemikalien, Schimmelpilze, Moder und die Zersetzung von Baumaterialen zu immer höherer Verschmutzung beitragen. Er konnte auch beobachten, daß die zunehmende Abhängigkeit von Heizungs- oder Klimaanlagen, die dieselbe Luft immer wieder umwälzen, die

Auswirkungen verstärkten, weil die Sauerstoffanteile der Innenraumluft dezimiert werden. Die Schadstoffe entstehen, weil die kleinsten, einflußreichsten Anteile sich positiv aufladen. Diese elektrostatisch geladenen Partikel bleiben in der Luft schweben. Die größeren Teilchen lagern sich entweder als Staub ab oder werden durch die Klimaanlagen ausgefiltert. Mittlerweile hat auch die U.S.-Regierung diese Probleme der Luftverschmutzung von Innenräumen erkannt. So hat die Umweltschutzbehörde eine Broschüre herausgegeben, die vor den Auswirkungen warnt.[1]

Flanagan entwickelte eine extrem effiziente Luftreinigungstechnik. Dieses System sollte grundlegende Verbesserungen der Luftqualität in geschlossenen Räumen bringen. In der Tat werden damit nicht nur schädliche Schwebstoffe und Gerüche entfernt, sondern die Luft wird auch negativ aufgeladen, und die gesundheitsfördernden Umweltfaktoren werden verbessert.

Atome im Ungleichgewicht

Bevor wir näher auf das Thema des Flanaganschen Luftreinigers eingehen, ist es nötig, einige Grundlagen zu erläutern. Das Atom besteht aus drei Komponenten: den negativ geladenen Elektronen, den positiv geladenen Protonen und den Neutronen, die keine Ladung tragen. Protonen und Neutronen bilden den Atomkern. Die Elektronen kreisen um diesen Kern. Die Zahl der Protonen ist normalerweise gleich der Zahl der Elektronen. Das bedeutet, die Ladungen, die ein jedes dieser Teilchen trägt, befinden sich im Gleichgewicht bzw. heben einander auf. Wenn allerdings einige Elektronen aus ihrem Orbit herausgezogen werden, zeigt das betroffene Atom eine positive Gesamtladung. Atome, die diese „befreiten“ Elektronen in ihre eigene Umlaufbahn gezogen haben, besitzen dadurch eine negative Gesamtladung, denn sie enthalten mehr

Elektronen als Protonen. In beiden Fällen bezeichnet man diese im Ungleichgewicht befindlichen Atome bzw. Atomcluster als Ionen. Ionen können also entweder positiv oder negativ geladen sein.

Durch einen Vorgang namens Raumladung werden Teilchen in der Luft elektrostatisch in der Schwebe gehalten. Die Raumladung entsteht durch ein Ungleichgewicht von Ionen, wobei die meisten Schadstoffe eine positive Raumladung erzeugen. Um diese positive Raumladung zu neutralisieren, muß man negative Ionen in die Umgebung hineinbringen. Die negativen Ionen gleichen die Raumladung der positiv geladenen Teilchen aus und bringen diese dazu, sich aus der Luft abzusetzen. Diese Teilchen fallen aus der Luft auf den Boden.

Für Flanagan bestand das Ziel also darin, ein Gerät zu bauen, das negativ geladene Ionen erzeugen kann und sie an die Umgebung abgibt. In seinem Privatlabor untersuchte der unabhängige Forscher, was man in Europa und anderswo tat, um solche Schadstoffe in geschlossenen Räumen zu verringern. Patrick fiel auf, daß hierfür in den Vereinigten Staaten wenig unternommen wurde. Und das wenige, das getan wurde, war nicht besonders effektiv. Er entwarf einen starken Ionisator, der eine antennenähnliche Nadel mit 20 000 Volt negativer Ladung speiste, positive Ionen anzog und sie in negative Ionen umwandelte. Die mit diesem Gerät erzielten Ergebnisse waren so effektiv, daß mehrere Tausend davon hergestellt und verkauft wurden, noch ehe ein Patent darauf erteilt war.

Flanagan fuhr fort, mit verschiedenen Ideen im Umfeld dieses Gerätes zu experimentieren. Doch in den folgenden Monaten stieß er auf ein Problem beim neuen Luftreinigungsgerät. Negativ geladene Teilchen werden von positiv geladenen Gegenständen angezogen. Nun waren die Schadstoffe negativ, Wände und Vorhänge aber positiv geladen. Auf ihnen bildete sich während der Monate, in denen die Apparatur lief, ein schwarzer, rußiger Belag. Der Ruß war so tief in die Poren der Wandfarbe eingedrungen, daß er sich nicht überstreichen ließ. Er hatte sich geradezu in die Wände hineingalvanisiert. Flanagan mußte die Wände seines Hauses grundlegend renovieren. Dies war ein herber Rückschlag, aber er war fest entschlossen, eine Lösung für dieses Problem zu finden. Obwohl der Luftreiniger ein wichtiges Projekt blieb, arbeitete Flanagan wie gewohnt weiterhin an anderen Projekten. Er studierte die früheren Arbeiten von Forschern zur Antigravitation und stieß im Laufe dieser Forschung auf die Lösung für das Verrußungsproblem seines Luftreinigers.

Antigravitation

In der Vorstellung einiger Wissenschaftler ist die Idee der Antigravitation keine bloße Fiktion mehr. Diese Wissenschaftler glauben, deren Realisierung liege nicht bloß im Bereich des Möglichen, sondern wir stünden bereits kurz davor zu entdecken, wie sie entsteht. Einige behaupten sogar, das U.S.-Energieministerium (DoE) verfüge möglicherweise bereits über Antigravitationstechnologien. Flanagan verfolgte einen Forschungsansatz, basierend auf bestimmten elektrotechnischen Grundsätzen, die bereits andere Forscher vor ihm untersucht hatten. Diese hatten mit Schwebeplattformen experimentiert und dabei einen noch kaum verstandenen „Kraftfeld"-Effekt benutzt.

Flanagan studierte die Arbeit von Igor Iwan Sikorsky, dem Erfinder des Hubschraubers. Sikorsky hatte auch ein Verfahren entwickelt, bei dem Strom durch ein Drahtgitter geleitet wurde, um einen Gegenstand dreißig Meter hoch in der Luft schweben zu lassen. Die Energiequelle befand sich dabei am Boden. Auch T. Townsend Brown hatte ein System zur Erzeugung von Levitationswirkungen entwickelt und kleine Versuchsmodelle davon gebaut.

Um ihre Levitationswirkungen zu erzielen, hatten sowohl Sikorsky als auch Brown nie mit Wechselstrom, sondern ausschließlich mit Gleichstrom gearbeitet.[2] Flanagan baute die Geräte dieser Erfinder nach und testete sie. Allerdings erweiterte er deren Arbeiten um den gemeinsamen Einsatz einer Tesla-Spule und verschiedener Kondensatoren. Die Kondensatoren sollten den Strom speichern und ihn in sequentiellen Stromstößen wieder freigeben. Bei der Wiederholung von Browns Arbeiten kamen Flanagan die technischen Fortschritte zugute, die in den seitdem vergangenen vierzig Jahren gemacht worden waren. So stand Patrick ein Keithly-Hochwiderstandselektrometer zur Verfügung, mit dem er die verschiedenen Arten von Energiefeldern messen konnte. Das Elektrometer war in der Lage, negative Ionen, elektrostatische Felder und elektrische Felder anzuzeigen sowie weitere Energiemessungen anzustellen. Mit diesem Gerät gelang es Flanagan, bei seinen vielfältigen Experimenten detaillierte Werte zu ermitteln, was den früheren Erforschern dieser sonderbaren Antigravitationseffekte nicht möglich gewesen war.

Wie Flanagan bei der Arbeit mit dem Elektrometer beobachtete, baute sich das größte Kraftfeld in dem Moment auf, als der Gleichstrom angelegt wurde, und sank danach auf ein niedrigeres Niveau ab. Aus dieser Beobachtung schloß Flanagan, daß sich der Effekt höchstwahrscheinlich viel wirkungsvoller durch Wechselstrom beeinflussen ließe. Wechselstrom schwingt zigmal pro Sekunde von positiv zu negativ hin und her und wirkt damit so, als wäre er stets im Anfang seines Betriebszustandes, wodurch er das Kraftfeld auf dem größtmöglichen Niveau halten kann. Der neue Entwurf funktionierte, und das Kraftfeld verstärkte sich enorm.

Nachdem er sein Experiment unter Verwendung des Elektrometers abgeschlossen hatte, stellte er den Anfangszustand seiner Apparatur wieder her und räumte sie auf die andere

Seite des Raumes in die Nähe seines Luftionisierungsgerätes, ließ dabei aber das Elektrometer versehentlich eingeschaltet.

Flanagan experimentierte mit seinem neuen Kraftfeldgenerator weiter. Er dachte über dessen Wirkungsweise nach und schaltete das Gerät einige Male an und wieder ab, als er aus dem Augenwinkel heraus eine schwache Bewegung wahrnahm. Die Bewegung kam von der Anzeigenadel des Elektrometers, die jedesmal ausschlug, sobald er den Generator ein- und ausschaltete. Da er seinen Augen nicht traute, probierte er es noch einige weitere Male aus. Die Wirkung war jedesmal gleich. Besonders merkwürdig fand er es, daß er nicht wußte, wie der Kondensator negative Ionen erzeugen oder sie sogar quer durch den Raum schicken konnte. Das war zwar interessant, doch hatte der Erfinder jetzt nicht die Zeit, über dieses sonderbare Phänomen nachzudenken. Er wollte sich wieder dem Phänomen zuwenden, das er soeben bei der Erzeugung des Kraftfeldes entdeckt hatte. Er war fasziniert. Durch den Einsatz von Wechselstrom hatte er einen großen Entwicklungssprung für eine potentielle Antigravitationstechnologie zuwege gebracht. An jenem Abend schwirrten ihm neue Ideen im Kopf herum, und als er sein Labor verließ, ließ er den Spulenkondensator und das Elektrometer eingeschaltet.

Am nächsten Tag kehrte Flanagan ins Labor zurück, um seine Experimente fortzusetzen. Als er den Raum betrat, bemerkte er sofort, daß der Geruch verflogen war, der bei den Experimenten normalerweise entstand. Das Zimmer roch nach frischer Bergluft. Wie er feststellte, waren die Geräte über Nacht eingeschaltet geblieben und hatten auf irgendeine Weise wie ein neuer, kräftiger Luftreiniger gewirkt. Diese Entdeckung hatte sich bei der Untersuchung einer ganz anderen Technik ergeben, wie dies häufig bei bedeutenden Erfindungen der Fall ist. Die Levitationsexperimente führten zu einem großen neuen Fortschritt für die Luftreinigungstechnik.

Flanagan probierte weiter mit seinem neuen Gerät herum. Dazu erzeugte er unterschiedliche Gerüche und untersuchte, wie lange es dauerte, bis sie aufgelöst wurden. Seine Beobachtungen in den folgenden Wochen bestätigten, daß er tatsächlich auf eine verbesserte Methode zur Luftreinigung gestoßen war. Er bemerkte auch, daß dieses Gerät keine festen schwarzen Rückstände erzeugte wie seine früheren Luftreinigungssysteme.

Bei der Erprobung seines Gerätes benutzte er ein Stück Fleisch, das er ungeschützt in die Sonne legte, um es faulen zu lassen. Er brachte das verdorbene Fleisch in sein Labor und ließ es in der Nähe seiner Maschine liegen. Innerhalb weniger Stunden war der Verwesungsgeruch verschwunden, und nach einigen Tagen war das Fleisch gänzlich ausgedörrt und verstömte keinen Geruch mehr.

Diese Beobachtungen waren faszinierend. Mit Unterbrechungen arbeitete Flanagan acht Jahre lang weiter an diesen Ideen. 1976 schließlich hatte er die subtilen Prinzipien verstanden, die den ungewöhnlichen Effekten zugrunde lagen, durch die die Erfindung funktionierte. Nun beantragte er das erste Patent auf die neue Technik. Er hatte ein Luftreinigungssystem ohne Schwärzungseffekte entwickelt.

Die Luft, die wir atmen

Die Luft, die wir in geschlossenen Räumen einatmen, lädt sich allmählich positiv auf. Die positiv geladenen Luftionen führen zu einer Vielzahl von gesundheitlichen Problemen. Auch in Einbausaunen bilden sich große Mengen von positiven Luftionen.[3] Das hilft erklären, warum in dieser Art Sauna das Atmen erschwert wird und Erschöpfungszustände auftreten. In holzgeheizten Dampfsaunen hingegen entstehen negative, gesundheitsfördernde Ionen. Eine positive Ionisierung in unserer Lebensumgebung führt zu angestrengter Atmung und Streß.

Diese Belastungen werden ausgeschaltet, wenn in unserem Lebensumfeld eine negative Ionisierung vorherrscht. Negative Ionisierung fördert unsere Vitalität und bringt uns mehr Leistungsfähigkeit und Harmonie. Ein Verhältnis von 80 Prozent negativen und 20 Prozent positiven Ionen in der Luft wird als optimal betrachtet.

Unter natürlichen Bedingungen entstehen negative Ionen durch verschiedene Kräfte. Durch Gewitter und Blitze, sich brechende Meereswogen, fallende Regentropfen und Wasserfälle bilden sich negative Ionen ebenso wie durch kosmische Strahlung und die Wechselwirkung der Sonne mit unserer Umwelt. Es ist mehr als ein bloß subjektiver Eindruck, wenn wir uns nach einem Gewitter oder einem Strandspaziergang erfrischt und belebt fühlen. Dies ist eine biologische Reaktion, die mit einem Austausch von Ionenenergie beginnt. Durch die gesundheitsfördernden Wirkungen der negativen Ionisierung erhalten wir bei diesem Austausch Energie. Wenn man sie ins Wohnumfeld einbringt, werden die negativen Ionen von winzigen, positiv geladenen Teilchen magnetisch angezogen. Diese Teilchen binden sich aneinander, bis sie so schwer werden, daß sie zu Boden sinken.

Der Körper kann positiv geladenen Sauerstoff nur schwer aufnehmen, da er die Atmung behindert. Negativ geladener Sauerstoff dagegen steigert die Sauerstoffaufnahme des Organismus um etwa 30 bis 50 Prozent. Diese verbesserte Aufnahme hat viele günstige Auswirkungen – etwa eine vergrößerte Lungenkapazität und eine generelle Streßreduzierung.

Wegen der langen Winter halten sich die Menschen in meiner Heimat Alaska und anderen nördlichen Regionen überwiegend in geschlossenen Räumen auf. Die positiv geladenen Innenraumbedingungen führen zu Lethargie, Depressionen, Abgelenktheit und Streß. Das SAD-Syndrom[4] wird durch Unausgewogenheiten im Gehirn erzeugt. Diese sind die Folge aus der Verbindung von zu geringen Lichtintensitäten und dem positiv geladenen Sauerstoff in geschlossenen Räumen. Starke Luftheizung, elektrische Fußbodenheizung und elektrische Saunaöfen verstärken die positive Aufladung der Umgebung und führen damit zu winterlichen Depressionen.

Wir alle haben wahrscheinlich schon einmal Berichte über die Auswirkungen des Vollmondes auf den Menschen gelesen. Statistisch ist nachgewiesen, daß es bei Vollmond höhere Kriminalitäts- und Unfallraten sowie weitere Auswirkungen gibt. Interessanterweise treten die höchsten Werte positiver Ionisierung bei Vollmond auf. Das ist ein Ergebnis der Verbindung zwischen dem von der Mondoberfläche reflektierten polarisierten Licht der Sonne und dem Energiezustand der Erde, der mit der Wechselwirkung zwischen Ionosphäre und diesen Himmelskörpern verknüpft ist. Diese energetischen Wechselwirkungen führen beim Menschen zu physiologischen und psychologischen Veränderungen.

Die Kaskadenwirkung der Elektronen

Flanagan brauchte acht Jahre, um herauszufinden, warum seine Technik funktionierte. Während dieser Zeit entwickelte er seine Theorie, bis er ein klares Verständnis vom Wirkprinzip seiner Erfindung gewonnen hatte. Erst dann meldete er sein erstes Patent an. Es wurde ihm innerhalb einer relativ kurzen Frist von drei Jahren erteilt.

Patrick folgerte, die Wirkung des Gerätes müsse von einer neuen Anwendung eines dielektrischen Feldes herrühren, das er als dielektrisches Streßfeld bezeichnete. In dieser Form könnte Energie als dielektrisches Feld gespeichert werden. Flanagan war es gelungen, auf das Dielektrikum Luft in einer Weise einzuwirken, daß diese Luft einen Elektronenschwall freisetzte. Wenn er eine Tesla-Spule mit gewöhnlichem Netzstrom betrieb, konnte er 100 000 Volt Spannung erzeugen, wobei die Stromrichtung sich bis zu 25 000 Mal pro Sekunde änderte. Diesen Strom leitete er dann in eine Reihe von Platten, die abwechselnd aus Metall und nichtleitfähigem Material bestanden. Der zwischen den Metallplatten aufgebaute Streß führte zu einem höheren Streß in der Luft, die die Platten umgab, und regte die Luft dazu an, Elektronen freizugeben. Diese Elektronen verhalten sich nicht wie elektrischer Strom. Sie bewegen sich langsamer. Man bezeichnet dies als „Zwischengeschwindigkeit“.[5]

Wenn diese Elektronen aus ihrem Atomverbund gelöst werden, üben sie einen Einfluß auf andere Atome mit ausreichender Geschwindigkeit aus, indem sie diese Atome dazu anregen, ihrerseits Elektronen freizugeben. Obwohl diese sekundär angeregten Elektronen langsamer sind, bewegen sie sich doch noch schnell genug, um weitere Atome dazu zu bringen, Elektronen freizugeben. Mit jeder folgenden Freisetzung verlangsamen sich die Elektronengeschwindigkeiten, bis sie einen Punkt erreichen, an dem es ihnen nicht mehr möglich ist, weitere Elektronen anzustoßen. Mit anderen Worten: Nach der Freisetzung von Energie verringert sich die Geschwindigkeit jeder verdrängten Folgegeneration von Elektronen. Wenn sie sich immer langsamer fortbewegen, werden sie schließlich von positiv geladenen Atomen, Schadstoffen, Wänden und anderen Oberflächenbereichen des Raumes eingefangen.

Die Kaskadenwirkung der Elektronen, die mit unterschiedlichen Geschwindigkeiten den Raum durcheilen, bewirkt die Bildung eines negativ geladenen Raumklimas. Die neutralen Teilchen sammeln die negativen Elektronen auf und werden selbst negativ. Die positiv geladenen Atome gewinnen ein Elektron dazu und werden neutral. In der Natur geschieht dies bei Gewittern und an Meeresstränden.

Ein weiterer Aspekt dieses Generators für negative Ionen besteht darin, daß einige Reaktionen der Elektronen sogar durch massive Wände hindurch stattfinden. Wenn die Wände aus dielektrischen Stoffen bestehen, erzeugt der Generator Spannungen auf der anderen Seite der Wand, durch die dann auch dort der Kaskadeneffekt der Elektronenabgabe zustande kommt.

Flanagans Erklärung für die Wirkungsweise des Generators macht auch verständlich, wie bei einem Gewitter Energie weitergegeben wird. Bisher stellten sich die Wissenschaftler vor, daß Wolken Energie in ausreichend hoher Konzentration und Stärke aufbauen müßten, damit die Energie schließlich durch die nichtleitende Luft überspringen und sich als Lichtbogen in den Erdboden entladen kann. Flanagan nun zeigte, daß es dafür eine andere Erklärung gab – die Elektronenkaskade.

Er entdeckte, daß die Luft als nichtleitender Stoff bei einem Gewitter ein dielektrisches Spannungsfeld aufbaut. Dieses Feld, das durch das Zusammenwirken der aufgebauten elektrischen Spannung und den fallenden Regen beeinflußt wird, erzeugt jene Elektronenkaskade. Wenn die Energie die Elektronen aus ihren Umlaufbahnen herausbefördert, verhält sich die Luft eigentlich wie ein Leiterstoff, wodurch ein Strom negativer Elektrizität von der Wolke zum Erdboden als Blitzschlag fließt. In weniger heftigen Gewittern ohne Blitze tritt der Kaskadeneffekt in geringerer Intensität auf.

Der Elektronenkaskadengenerator[6] bildete den Abschluß von Flanagans Arbeiten in diesem Bereich. Damit war das Problem der Rußschwärzung gelöst, und die Qualität der Innenraumluft konnte somit verbessert werden. Ein weiterer Vorteil jenes Konzeptes besteht darin, daß sich mit ihm die elektrostatische Induktion der Umgebung unterbinden läßt. Dies ist wichtig für Bereiche wie Computerräume oder Montageräume für Elektronik, wo es darauf ankommt, die elektrostatische Aufladung zu verhindern.

Beim Aufbau von Energie in unserem Wohnumfeld durch alle Heizquellen und Reibung erzeugende Maschinen treten verstärkt positive Aufladungen auf. Auch viele der synthetischen Materialien um uns herum sind positiv geladen. Rauch, unter anderem von Zigaretten, trägt positive Ladung. Wir leben in Wohn- und Geschäftsgebäuden und sind mehr und mehr einer positiv geladenen Umgebung ausgesetzt, die zu einer generell geschwächten Gesundheit beiträgt. Wir bringen immer mehr Gegenstände in unsere Wohn- und Arbeitsbereiche hinein, und alle laden unsere Umgebung positiv auf. Da unsere Technik sich immer weiter entwickelt, wird es immer dringlicher, diese Aufladung zu neutralisieren. Der Wert einer negativ geladenen Umgebung in Form gesundheitsfördernder Auswirkungen und menschlicher Produktivität darf nicht unterschätzt werden. Positive Auswirkungen negativer Ladung sind z. B. größere Produktivität, gesteigerte Energie, geringere Unfallhäufigkeit, zunehmende Aufmerksamkeit und konzentriertere Schaffenskraft. Außerdem schützt die Erfindung in Fabrikbereichen, in denen empfindliche Elektronik verwendet oder montiert wird, die Elektronikkomponenten vor elektrostatischen Entladungen.

Flanagan sicherte sich auf diese Technik zwei Patente, eines im Jahre 1978, das andere nach zehn Jahren fortgesetzter Forschung im Jahre 1988. Das erste Patent wurde durch die Erzeugung besserer dielektrischer Stoffe aufgewertet, vor allem durch Imprägnierung der Kunststoffe, die zur Unterteilung der Platten in seinen Geräten verwendet werden. Dies führte zu einer deutlichen Verbesserung der Wirkungen bei wesentlich verringerter Leistungsaufnahme. So konnte die für den Betrieb des Gerätes notwendige Leistung auf 40 Watt gesenkt werden.

Es ist denkbar, daß sich das Konzept des Elektronenschwallgenerators auch in solchen Gegenden unsere Erde einsetzen läßt, wo die Verschmutzung der Außenluft zum Problem geworden ist. Die Idee muß noch untersucht werden, ob sich nicht unter Verwendung von Anlagen mit geringem Energieverbrauch in städtischen Umgebungen Schadstoffe reduzieren lassen. Die Kosten für die Durchführung einer solchen Prüfung wären im Verhältnis zu ihren möglichen positiven Wirkungen gering.

Kapitel 7

Elixier des Lebens: Crystal-Energy-Mikrokolloide

Die meisten Menschen glauben, Wasser wäre überall gleich. Doch unterscheidet sich Wasser überall auf der Erde ganz deutlich – nicht nur, was Geschmack, Aussehen und Härtegrad (Mineralgehalt) betrifft.

Das Fließen von Flüssigkeit durch unsere Welt ist genauso wichtig wie die Blutzirkulation in unserem Körper. Blut besteht zu 92 Prozent aus Wasser. Die richtige Art Wasser ist für die optimale Blutzirkulation in unserem Körper entscheidend. Durch das Blutkreislaufsystem werden Giftstoffe abtransportiert und wichtige Nährstoffe zu unseren unterschiedlichen Körperregionen gebracht.

Das Blut bringt die Nährstoffe in die hauchfeinen Kapillargefäße. Von ihnen gehen die Nährstoffe in eine wäßrige Flüssigkeit über, die Lymphe. Diese Flüssigkeit umgibt und umspült jede Zelle unseres Körpers und bewahrt alle Zellen davor, in direkten Kontakt mit anderen Zellen zu kommen. Die Kapillargefäße lassen Sauerstoff und Nahrung in die Lymphe tröpfeln, wo diese dann den Zellen zur weiteren Verwendung übergeben werden. Das Lymphsystem benötigt die richtige Art Wasser, damit es seine größte Wirkungskraft entfalten kann.

Dr. Roy Walford von der Universität von Kalifornien in Los Angeles gehört zu den Forschern, die glauben, unser Körper könne älter als 120 Jahre werden. Behauptet wurde auch, daß viele Symptome des Alterungsprozesses durch die Ansammlung von Giftstoffen und Freien Radikalen in den Körperzellen ausgelöst werden. Diese Giftstoffe entstehen aus einem Zusammenwirken der Nahrung und der Flüssigkeiten, die wir zu uns nehmen, und der Luft, die wir atmen. Die übergroße Menge an Giftstoffen, die wir uns einverleiben, behindert unsere Fähigkeit, das Nährstoffniveau aufzunehmen, das wir wirklich brauchen. Wenn das Blut, das dazu da ist, die Schad- und Nährstoffe zu befördern, verunreinigt und zu zähflüssig wird, fließt es nicht mehr so, wie es für eine optimale Gesundheit nötig wäre. Forschungen zeigen, daß das Blut der meisten Menschen extrem verunreinigt ist.

Reines Wasser weist eine Struktur auf, die an das Wasser in Obst und Gemüse erinnert. Als die Flanagans die Säfte von frisch gepflückten Früchten unter hochauflösenden Mikroskopen untersuchten, fanden sie „Somatide", die sie für die Vermittler der Lebensenergie halten. Sie entwickelten ein Verfahren zur Wasserveränderung. Dabei energetisieren sie es auf eine Weise, die einige der Eigenschaften von Flüssigkeiten widerspiegelt, wie man sie in Obst und Gemüse vorfindet. Das Ergebnis war das „Crystal Energy"[1]-Wasser.

Das Gehemnis der Hunza

Die Geschichte, wie die Flanagans Crystal Energy entdeckten, begann vor einigen Jahren, als Patrick noch für die Huyck Research Laboratories in Connecticut arbeitete. Dort begegnete er Dr. Henri Coanda (1885-1972), dem Vater der Flüssigkeitsdynamik. In den zwanziger Jahren hatte der rumänische Wissenschaftler entdeckt, daß Wasser die Eigenschaft hat, an allen möglichen Oberflächen haften zu bleiben.

Im Jahre 1910, sieben Jahre nach den ersten Flügen der amerikanischen Erfinder Orville und Wilbur Wright, gestaltete und baute Henri Coanda einen Eindecker mit Düsenantrieb, der durch eigene Kraft mit Coanda als Pilot abhob und flog. Er verwendete eine Maschine, die er als Reaktionsmotor bezeichnete. Vom Mangel an öffentlichem Interesse für sein Flugzeug entmutigt, entwickelte er es jedoch nicht weiter und entwarf statt dessen in England den Bristol-Fighter, ein Kampfflugzeug, das im Ersten Weltkrieg eingesetzt wurde. Als er das erste Düsenflugzeug der Welt baute, entdeckte Coanda die Wirkung, die heute in der Wissenschaft der Flüssigkeitsdynamik als „Coanda-Effekt“ bekannt ist. Ohne den „Coanda-Effekt“ gäbe es heute weder ein Space Shuttle noch Passagierflugzeuge wie die Boeing 747.

Coanda zeigte sich stets fasziniert von Berichten aus verschiedenen Teilen der Welt, in denen es hieß, daß die Menschen dort ein außergewöhnlich hohes Alter erreichen. Dabei hatte er immer vermutet, dies könne mit dem Wasser zu tun haben, das diese Menschen tranken. Anfang der dreißiger Jahre reiste er ins Land der Hunza im Karakorum-Gebirge im Norden Pakistans, wo, wie man ihm erzählt hatte, das Geheimnis der Langlebigkeit der Menschen tatsächlich mit dem von ihnen aufgenommenen Wasser verknüpft sei. Im Land der Hunza behielten die Menschen ihre Vitalität noch mit über hundert Jahren.

Er war überzeugt, der Schlüssel zur Einzigartigkeit des Wassers müsse in dessen Struktur liegen. Er begann, über die Molekülstruktur des Wassers nachzudenken, und verglich Proben des Hunza-Wassers mit gewöhnlichem Wasser. Er studierte die kristalline Form von Wasser, indem er Schneeflocken untersuchte, die er in seinem Labor künstlich erzeugte. Er fand heraus, daß im Zentrum einer jeden gefrorenen Schneeflocke Wasser in einem Geflecht von Röhrchen zirkuliert, ähnlich wie das Blut in unserem Körper oder der Saft in den Pflanzen. Es war, als wäre das Wasser lebendig!

Coanda beobachtete, wie das Leben der Schneeflocke zu Ende ging, wenn das Fließen des Wassers sich verlangsamte und zu erstarren begann. Wie er außerdem bemerkte, schien es die Menschen, die regelmäßig „lebendiges“ Wasser tranken, zu vitalisieren. Coanda führte seine Forschungen fort und analysierte Wasser aus mehreren Gebieten, in denen die Menschen ein ungewöhnlich hohes Lebensalter erreichten. In all diesen Proben ließen sich dieselben Eigenschaften feststellen.

Coanda kehrte in sein Heimatland Rumänien zurück, wo er zum Dekan der Rumänischen Akademie der Wissenschaften berufen worden war. Aber ehe er dorthin aufbrach, gab er sein in sechzig Jahren Forschung gesammeltes Wissen an seinen jungen Kollegen und Mitarbeiter an den Huyck-Labors weiter – an Patrick Flanagan. Coanda vertraute Patrick an: „Ich glaube, Sie sind der einzige, den ich kenne, der irgendwann eine Methode entwickeln kann, um Hunza-Wasser überall auf der Erde verfügbar zu machen.“[2]

Kristalline „Energiesamen“

Patrick las nun alles über Wasser, was er nur finden konnte. Wie er dabei feststellte, ist es eine der geheimnisvollsten Substanzen überhaupt. In den letzten fünfzehn Jahren haben Patrick und seine Frau Gael sich auf die Wasserforschung konzentriert und überall in den Vereinigten Staaten Wasserproben gesammelt.

Wasser hat eine Reihe ungewöhnlicher Eigenschaften. Man stellt es sich als universales Lösungsmittel vor. Es kommt in Form von 36 verschiedenen Isotopen vor, und jedes Isotop zeigt andere Eigenschaften. Wasser ist in der Lage, jedes Element aufzulösen, sogar Gold. Wenn Wasser gefriert, wird es nicht etwa schwerer, sondern leichter. Außerdem besitzt es eine Oberflächenspannung, eine Kraft, die es in sich zusammenhält, so daß es kugelartige Gestalt annimmt – die Form mit der niedrigsten Oberflächenspannung. Diese Gestalt benötigt minimale Energie, um ihre Form zu bewahren. Die potentielle Stabilität des Wassers ist beeindruckend.

Wasser setzt sich aus flüssigen Kristallen zusammen, die von großen Mengen chaotisch verteilter Moleküle umgeben sind. Man nimmt an, daß das Wasser, selbst wenn es kocht, einige kristalline Formen enthält, die ihre Gestalt und Struktur selbst dann noch beibehalten, wenn sich alles übrige Wasser in heftiger, ungeordneter Bewegung befindet. Wenn sich das Wasser abkühlt, bildet es zunehmend kristalline Formen aus, bis es schließlich zu Eis wird und in dieser Form praktisch durchweg kristallin ist.

Wenn Tiere, Pflanzen oder Menschen Wasser aufnehmen, strukturieren sie es so um, daß es Kristalle mit einer geringeren Anzahl unorganisierter Moleküle bildet. Das geschieht durch winzige hochenergetische Partikel, die sich in feiner Verteilung im Wasser befinden. Diese Teilchen werden als Kolloide bezeichnet. Sie sind so klein, daß sie selbst unter den stärksten Mikroskopen nicht auszumachen sind. Diese kleinen Partikel wirken wie „Energiesamen", die eine Ladung tragen und freie Wassermoleküle anziehen. Dadurch bilden sich die Kerne der Flüssigkristalle aus. Um diese Form annehmen zu können, müssen die Kolloide eine hohe elektrische Ladung beibehalten. Möglich wird dies durch die organische Umhüllung, die sie im lebendigen System erhalten.

Flanagan machte noch eine weitere Beobachtung. Bestimmte kristalline Mineralien verringern die Oberflächenspannung des Wassers durch bloßen Kontakt mit ihm. Verringerte Oberflächenspannung bedeutet, daß das Wasser „nasser" ist und leichter aufgenommen werden kann. Die Beobachtung führte zu weiteren Fragen. Woher beziehen diese Mineralkristalle ihre Energie, um die Oberflächenspannung des Wassers zu verändern?

Flanagan stellte fest, daß die Oberflächenspannung von gewöhnlichem Leitungswasser 73 dyn pro Zentimeter beträgt, die Oberflächenspannung von Hunza-Wasser jedoch nur 68 dyn pro Zentimeter. Das Hunza-Wasser zeigte auch eine negative elektrische Gesamtladung, das heißt, die Drehung der

Moleküle ist linksgerichtet. Die negative Ladung stellt einen der Schlüsselfaktoren bei den gesundheitlichen Wirkungen des Wassers dar. Sie ist eine wichtige Eigenschaft des Wassers, indem sie es dazu bringt, Bindungen mit positiv geladenen Molekülen einzugehen.

Das milchige Hunza-Wasser enthielt praktisch jedes bekannte Element, einschließlich einer hohen Konzentration von Silber. All diese Elemente lagen in einer submikroskopischen Kolloidalform vor. Das Wasser enthielt keinerlei Mineralsalze. Diese winzigen Partikel, die Kolloide, lösen sich nicht auf, sondern sie bleiben negativ geladen und als sich gegenseitig abstoßende Teilchen in der Lösung verteilt. Sie stoßen einander ab, weil ihre Ladungen gleich sind – so wie die Minuspole von zwei Stabmagneten einander abstoßen.

Die Gletscher des Hunza-Landes zermahlen mit ihrem enormen Druck das Felsgestein unter sich zu ultrafeinem Staub. Dieser Gletscherschlamm sickert mit dem Schmelzwasser aus den Gletschern heraus und läuft an den Berghängen talwärts. Durch diese Schwebstoffe trübt sich das Wasser. Selbst nachdem die Fließbewegung des Wassers aufhört, bleiben die Mineralkolloide im Wasser. Sie sind von einer Art organischer Substanz umhüllt, von der Flanagan annahm, sie stamme aus einer uralten Schicht, durch die sich die Gletscher ebenfalls hindurchgeschnitten hatten.

In seinem Labor wurde die Suche nach den Mitteln aufgenommen, mit denen sich die gleichen Eigenschaften in Wasser erzeugen lassen. Doch in diesem frühen Stadium gelang es Flanagan nicht, die Charakteristika des Hunza-Wassers nachzubilden.

Mysteriöse Wirbelkräfte

Flanagan dachte über das Wesen des Wassers nach und darüber, was mit ihm passiert, wenn es von den Bergen herabfließt. Ihm fiel auf, daß die Bewegung, die das Wasser durchmachte, zu seiner besonderen Wirkung beitragen könne. Wenn Wasser sich in Wildbächen bewegt, fließt es mit unterschiedlichen Geschwindigkeiten und bildet dabei kleine Spiralströmungen oder Wirbel. Diese Strudel erzeugen einen elektrischen Strom. Aufgrund dieser Beobachtung gelang es, die wichtige Eigenschaft im Wasser nachzubilden.

Die Wasserwirbel verringern ihren Durchmesser und werden länger, dann wieder ziehen sie sich in Längsrichtung zusammen, und ihr Durchmesser vergrößert sich. Diese Schwingung verläuft rhythmisch und periodisch.

Die Krümmung dieser Wirbel spiegelt ein universelles Muster wieder, das auch andere Forscher beobachtet hatten. Der Mathematikprofessor T. J. J. See wies nach, daß das gesamte Universum um eine geometrische Form rotiert, um eine sogenannte Rechteckhyperbel, die dem Wasserwirbel gleicht. Diese Grundkurve läßt sich nach T. J. J. See auch bei anderen Phänomenen feststellen, wie etwa in den Magnetgesetzen, der Gravitation, den Planetenbewegungen und vor allem in den Verhältnissen von Volumen zu Oberflächen und den strukturierenden Kräften, die alle Materie zusammenhalten. Flanagan verfolgte in seinen Experimenten den Gedanken weiter, daß kosmische Energie vom Wasser eingefangen und gespeichert wird.

Diese Wasserwirbel erzeugen eine merkliche elektrische Spannung. Flanagan veranschaulichte die elektrischen Potentiale, indem er einen speziell präparierten Draht in das Zentrum eines Wasserwirbels hineinsenkte, wobei er sorgfältig darauf achtete, daß der Draht nicht mit dem Wasser in Kontakt kam. In das Wasser, das mit etwa 1 000 Umdrehungen pro Minute herumwirbelte, hielt er eine zweite Elektrode. Zwischen den Elektroden konnte er eine Spannung von 10 000 Volt registrieren.

In den dreißiger Jahren hatte der deutsche Physiker Paul E. Dobler gezeigt, daß von unterirdischen Wasserläufen eine unbekannte Energie abgestrahlt wird. Diese Strahlungsenergie bezeichnete er als X-Band, da es zu jener Zeit keine Ausrüstung gab, um sie zu messen. Er entwarf einen Apparat, mit dem er die Wirkung auf einem Röntgenfilm aufzeichnen konnte. Andere Physiker wiederholten den Versuch und kamen zu denselben Ergebnissen, konnten aber ihre Beobachtungen nicht erklären. Der Gedanke, daß die Bewegung des Wassers unter der Erdoberfläche eine Strahlungsenergie erzeugen könne, paßte nicht in die Form, in die die Physik in den dreißiger Jahren gegossen worden war.[3]

Flanagan setzte seine Wirbelforschung fort und entwickelte ein Gerät, mit dem er den „perfekten Wirbel" erzeugen konnte. Er nannte das Gerät „Tangentialwirbelverstärker". Mit diesem Gerät gelang es ihm, die Oberflächenspannung des Wassers auf 26 dyn pro Zentimeter zu reduzieren, also etwa auf den Wert der Oberflächenspannung von Äthylalkohol. Wenn die Spannung so extrem vermindert wurde, behielt das Wasser diesen Zustand jedoch nicht bei, sondern es nahm bald wieder den ursprünglichen Wert an. Allerdings stellte sich heraus, daß eine Oberflächenspannung von 38 dyn über Jahre aufrechterhalten werden kann.

Die Grundlagen von Flanagans Erkenntnissen hatten mit den einzigartigen Eigenschaften der allerkleinsten Kolloide zu tun. Große Kolloide verlieren ihre Ladung, kleine hingegen bewahren sie, wodurch sie sehr beständig werden. Die Fähigkeit, die elektrische Ladung zu bewahren, wird als Zeta-Potential bezeichnet.

Der Kolloidchemiker Thomas Riddick sagt, das Zeta-Potential sei dafür verantwortlich, daß die Milliarden von Zellen, die sich in unserem Körper in Bewegung befinden, voneinander getrennt bleiben. Er fand heraus, daß die Blutkörperchen durch dieses Zeta-Potential beziehungsweise die negative Ladung in ihrer Zirkulation gehalten werden. Der gesamte Organismus setzt sich aus Kolloiden zusammen, die infolge elektrischer Anziehungskräfte fließen. Die Blutkörperchen besitzen eine Hülle aus Albumin, ein Stoff, der sie befähigt, ihre Ladung aufrechtzuerhalten, und der verhindert, daß sie sich mit anderen Zellen verbinden. Ungesunde Nahrungsmittel oder hohe toxische Werte im Blut, zu geringe Sauerstoffzufuhr und andere Faktoren führen dazu, daß das Blut Klümpchen bildet, wobei die Blutkörperchen ihre Fahigkeit einbüßen, sich gegenseitig abzustoßen. Dadurch werden der Energietransport und der Nährstofffluß im Blutkreislauf beeinträchtigt. Wenn man hingegen hoch geladene Kolloide aus frischem Obst und Gemüse oder die richtige Form von Wasser zu sich nimmt, finden sich auch in den Blutzellen höhere elektrische Ladungen. Dadurch werden Gesundheit und Energie des Menschen gestärkt.

Das Wasser, das Flanagan strukturierte, bildete die Haupteigenschaften des Hunza-Wassers nach. Er stellte fest, daß die Oberflächenspannung von mehreren Litern Wasser, dem man nur einen Teelöffel des auf 38 dyn spannungsreduzierten Crystal-Energy-Wassers beimengt, 55 bis 65 dyn beträgt. Wenn dieses Wasser vom Organismus aufgenommen wird, verändert es den Zustand der Blutkörperchen innerhalb weniger Minuten. Unter dem Mikroskop betrachtet lösen sich die Blutzellen aus ihrer Verklumpung und erscheinen wieder jede für sich klar abgegrenzt.

Auch wurde die Idee untersucht, ob es für diese veränderte Wasserstruktur möglicherweise noch andere positive Anwendungen geben könne. In einem Fall wurde dieses neu konstruierte Wasser zur Zementherstellung verwendet, wodurch sich dessen Festigkeit im abgebundenen Zustand deutlich von 590 auf 860 kg/cm^2 erhöhte. In einem anderen Versuch mit Zement wurde der Volumenanteil der Luft im noch teilweise flüssigen Zement gemessen. Dabei ergab sich, daß der Anteil der eingeschlossenen Luft, durch den Zement eine geringere Festigkeit aufweist, nur noch bei 30 Prozent im Vergleich zu 70 Prozent bei Verwendung von gewöhnlichem Wasser lag. Außerdem benötigte man für den so behandelten Zement weniger Wasser, und er zeigte ein verbessertes Fließverhalten und größere Plastizität. Der deutsche Forscher Wilfried Hacheney entwickelte ein Verfahren zur Umstrukturierung von Wasser durch extreme Verwirbelung (Levitation), das ähnliche Wirkungen hervorbringt.[4] Die ersten Modelle seiner Geräte wirkten nur zeitlich begrenzt auf das Wasser ein, so daß der Zement – anders als bei Flanagans Produkt – nur innerhalb weniger Stunden nach der Wasserbehandlung damit angemischt werden konnte.

Flanagan stellte fest – wie auch Hacheney –, daß die Umkehrung der Wirbelbewegung zu einer verstärkten Potenzierung des Wassers führt. Dies war dieselbe geheimnisvolle Energie, auf die andere Forscher schon vor ihm gestoßen waren. Wenn die Flüssigkeit rotiert, existiert im Wirbelschwall des Wassers ein bestimmter Energiebetrag. Wenn die Fließrichtung abrupt umgekehrt wird, muß die Energie irgendwo bleiben. In diesem Fall muß sie von den Wasserstoffbindungen des Wassermoleküls absorbiert werden. Dadurch erhöht sich das Zeta-Potential, wodurch Lebewesen das Wasser leichter aufnehmen können. Die Richtungsänderung bewirkt, daß der Wirbel durch Implosion in sich selbst zusammenfällt. Dabei scheint ein vollkommenes Chaos zu entstehen, tatsächlich aber bilden sich viele kleine Wasserwirbel, in denen der Energieaustausch stattfindet.

Um die höchsten Energiepotentiale in dem von ihm erzeugten Wasser zu entwickeln, arbeitete Flanagan mit einem von ihm neu entdeckten Prozeß in 33 Stufen. Er wußte, daß Giftstoffe umso besser abtransportiert und Nährstoffe leichter durch den Organismus befördert werden, je höher das im Wasser erreichte Zeta-Potential ist. Die Microcluster, die er herstellte, energetisieren alles, womit sie in Kontakt kommen. Bei einer Untersuchung seiner Erfindung an der Universität von Minnesota stellte sich heraus, daß die Kolloide nur fünf Nanometer (also fünf Milliardstel eines Meters) groß waren. Sie sind so winzig, daß 240 000 von ihnen auf einen Stecknadelkopf passen, wobei die Größe ihrer Oberfläche gleichzeitig den unglaublichen Wert von 75 Quadratmetern pro Kubikzentimeter annimmt.

Das läßt sich auch anders veranschaulichen. Dazu stellen wir uns einen Würfel mit einer Kantenlänge von einem Zentimeter vor. Dessen Gesamtoberfläche beträgt sechs Quadratzentimeter. Die elektrische Ladung besteht auf der Materialoberfläche. Je größer also die Oberfläche ist, desto größer wird die Ladung. Wenn wir den Würfel in so dünne Scheiben wie möglich schneiden, erhalten wir eine vergrößerte Oberfläche. Zerlegen wir den Würfel also beispielsweise in nur 100 Scheiben, ergibt sich eine Oberfläche – Vorder- und Rückseite der Scheiben – von 200 Quadratzentimetern. Nun stellen Sie sich das Ganze vor, angewandt auf die fünf Nanometer großen Mikrocluster und die Oberfläche, die sie einnehmen können.

Wenn Mikrocluster mit einigen Nährstoffen kombiniert werden, werden die Nährstoffe in geodätische Kugelstrukturen eingeschlossen, die sich aus Quartzformen zusammensetzen. Diese Strukturen befördern die Nährstoffe zu den Körperregionen, wo die Zellen sie verwenden können. Die winzigen Verbände aus Nährstoffen und Mineralien besitzen ungewöhnliche Energie- und Katalyseeigenschaften. Da der Transport der Nährstoffe nicht über Magen und Leber, sondern über das Lymphsystem erfolgt, können die Nährstoffe wesentlich effektiver in das System eingeschleust werden. Verluste durch den Abbau in der Leber werden dadurch umgangen.

Schaubergers lebendiges Wasser

Viktor Schauberger (1885-1958), der die ungewöhnlichen Eigenschaften des Wassers schon früh untersuchte, folgerte aus Naturbeobachtungen und Experimenten, daß das Leben auf Implosionsvorgängen basiert, der Tod hingegen auf Explosionsvorgängen. In seinem Labor baute er eine eiförmige „Wirbelreaktionskammer", die er auch als Implosionskammer bezeichnete. In dieser Kammer wurden die Energieentladungen dazu gebracht, ins Zentrum zu fließen und nicht zu den Außenwänden hin, wie dies bei Explosionen der Fall wäre. Um Lebensvorgänge zu optimieren, so dachte er, sollten die Dinge im Einklang mit der Natur fließen, statt dem natürlichen Fließen entgegenzuwirken.[5]

Schauberger hatte festgestellt, daß Energie in Materie wie Wasser oder Luft auf dem Wege einer nach innen gerichteten Spirale eintritt. Er betrachtete diese einwärts gerichteten Spiralen als die aufbauenden Kräfte der Natur. Indem sie ins Zentrum hinein implodieren, erzeugen die Energieströmungen lebensbildende Krafttrichter. Die Energien von Zerfallskräften hingegen strömen immer nach außen. Aufgrund seiner Naturbeobachtungen glaubte Schauberger, dieses Prinzip müsse auch auf die Technik angewandt werden.

Schauberger war der Ansicht, die existierende Technik nutze die falsche Art von Bewegung. Dabei nämlich wird Energie zerstreut, während die Natur sich einer anderen Form von Kräften bedient, um durch einwärts gerichtete Konzentration Ordnung und Wachstum zu schaffen. Er warnte davor, daß das System, das der Mensch sich zu eigen gemacht hatte – die Verbrennung von fossilen Treibstoffen und die Kernspaltung –, die Welt mit einer fehlgerichteten, Wärme erzeugenden Bewegung erfüllt. Er war der Meinung, die moderne Technik müsse in ihren zukünftigen Entwicklungen die Prinzipien der Implosion, der einwärts gerichteten Bewegung nutzen.

Vom Chaos zur Ordnung: Mikrocluster

Die Mikrocluster-Kolloide, die die Flanagans herstellen, weisen eine als hydrophobische (hydra = Wasser, phobisch = abwehrend) Hydration bekannte Eigenschaft auf. Hydrophobische Partikel zeigen keine oder nur geringe Affinität zu Wasser. Früher stellte man sich vor, diese Art Partikel seien in einer „quasi-kristallinen Eisberg“-Struktur verteilt. Jetzt weiß man, daß diese Partikel in käfigartigen Strukturen schweben, die durch die Wassermoleküle gebildet werden. Dadurch erhöht sich die strukturelle Ordnung des Wassers, wobei sich die Moleküle dichter aneinander lagern und das Volumen und die Oberflächenspannung des Wassers sich verringern.

Die Entropie eines Systems beschreibt die Menge an nichtverfügbarer Energie, die sich auch als Grad von Unordnung bzw. Chaos in diesem System zeigt. Je geringer die Entropie, desto mehr Energie steht zur Verfügung, und desto höher organisiert ist das System. Die entropische Energie steht in direktem Verhältnis zum Organisationsgrad eines Systems. Ein System mit geringer Entropie ist stärker organisiert als ein System mit hoher Entropie. Ein System mit maximaler Entropie ist ein System in chaotischem Zustand, in dem nur noch ungeordnete Zufallsbewegung stattfindet. Durch den Einsatz von Mikroclustern wird die Wasserstruktur stärker geordnet und die Entropie verringert, wodurch mehr „freie Energie“ geschaffen wird – Energie, die für andere Arbeit zur Verfügung steht.

Werden dem Wasser Mikrocluster beigegeben, kommt der bereits angesprochene Vorgang der hydrophobischen Hydration ins Spiel. Die hydrophobischen Partikel werden in einer geodätischen Struktur gefangen, die von den Wassermolekülen gebildet wird. Daraufhin ändern sich Organisation und Struktur des Wassers. Sie werden gleichförmiger. Man kann sich das als eine flüssige kristalline Struktur vorstellen. Dadurch rücken die Wassermoleküle dichter aneinander, und dies führt zu einem Rückgang der ungeordneten Bewegung, des Volumens und der Oberflächenspannung des Wassers.[6]

Die Strukturen, die sich um die kleinen Partikel herum bilden, gehen keine Bindungen mit den Teilchen selbst ein. Die Partikel bleiben innerhalb ihrer Käfige schwebend gefangen. In diesem Zustand können sie frei schwingen und rotieren. Die Schwingungs- und Drehenergien erzeugen Energiemuster im gesamten neu strukturierten Wasser, das daraufhin seinerseits Hologrammen ähnliche Muster bildet.[7]

Diese Beobachtungen könnten sich zur Erklärung der Homöopathie nutzen lassen. In Europa und Asien werden homöopathische Heilmethoden schon seit vielen Jahren angewandt. Die Funktionsweise basiert auf dem Gedanken, daß Wasser wie ein „Erinnerungs"-Träger für verschiedene Elemente und ihre Verbindungen agieren kann, die wiederum Heilungsvorgänge im Körper auslösen. Die Homöopathie ist immer wieder Angriffen ausgesetzt, weil die Schulwissenschaft bis vor kurzem Schwierigkeiten hatte zu erklären, warum dieses Heilverfahren funktioniert. Das, was sich hier beobachten läßt, steht also nicht im Einklang mit der herrschenden Wissenschaftsauffassung. Die Wissenschaft hat sich unterdessen weiterentwickelt und vermag nun besser zu beschreiben, warum einige dieser Wirkungen auftreten können.

Im Verlauf der Zubereitung von homöopathischen Mitteln bilden sich in ihren Bestandteilen hydrophobische Hydrations-„Käfige". In ihnen können die Teilchen sich ungehindert auf die ihnen eigene, besondere Frequenz einschwingen. Dadurch erzeugen sie Energiewellen, die höchstwahrscheinlich holographische Informationsstrukturen im Wasser ausbilden. Die Körperzellen können diese Informationsmuster auffangen und ihre internen Vorgänge durch sie verändern. Die Verwendung von Mikrocluster-Kolloiden bei der Herstellung homöopathischer Präparate vereinfacht dieses Verfahren und macht es wirksamer.

Die Rolle des Wassers bei der Nährstoffaufnahme

Alle Nahrungsmittel müssen benetzt werden, ehe der Körper sie nutzen kann. Nährstoffe lassen sich in zwei Hauptkategorien einteilen: die wasserlöslichen und die lipid- oder öllöslichen. Lipidlösliche Nährstoffe bezeichnet man auch als lipophil bzw. „ölliebend", wasserlösliche als hydrophil bzw. „wasserliebend".

Alle Stoffe besitzen eine Eigenschaft, die man als Kritische Oberflächenspannung bezeichnet. Diese Oberflächengrenzspannung bezeichnet den Wert, ab dem ein Stoff nicht mehr benetzt werden kann. Bei wasserlöslichen Stoffen liegt dieser Wert höher als bei in Öl löslichen.

Die Kritische Oberflächenspannung hängt mit der Anzahl elektrischer Ladungen auf der Oberfläche eines Stoffes zusammen. Wasser benetzt eine Oberfläche durch eine elektrische Ladung, die Wasserstoffbindung genannt wird. Die Wasserstoffatome im Wassermolekül sind positiv geladen. Um die Oberfläche eines Stoffes benetzen zu können, muß diese Oberfläche über freie negative Ladungen verfügen. Je größer die Zahl der Ladungen ist, desto leichter ist sie benetzbar. Öl besitzt keine elektrische Ladung und kann folglich nicht durch Wasser benetzt werden. Ein Quartzkristall (Silikat) ist sehr stark geladen und läßt sich leicht benetzen.

Wasserlösliche organische Nährstoffe sind nur in Wasser löslich, das eine niedrigere Oberflächenspannung hat als der Nährstoff selbst. Gewöhnliches Leitungswasser mit hoher Oberflächenspannung läßt keine Lösungsaufnahme der Nährstoffe zu. Gehen diese nicht in Lösung, so können sie nicht effizient genug zu den Körperzellen befördert werden. Mit den Mikroclustern wird die Oberflächenspannung des Wassers so drastisch verringert, daß Nährstoffe mit hohem Wirkungsgrad an die Zellen geliefert werden können. Die Wirkung der Mikrocluster besteht also darin, daß die Nährstoffe bis zu einem Punkt benetzt werden, an dem der Körper sie leicht aufnehmen und nutzen kann.

In Öl lösliche Nährstoffe können nicht von Wasser benetzt werden. Hier ist wichtig, sich daran zu erinnern, daß die Mikrocluster sowohl hydrophil als auch lipophil sind. Ölpartikel lassen sich in einem Mikrocluster-Kolloid einschließen. Wenn sie auf diese Weise eingekapselt werden, bildet sich ein kleiner Ball, der auf seiner Außenseite Bindungen mit dem Wasser und auf seiner Innenseite Bindungen mit dem Öl eingeht.

Diese Öl enthaltenden Kapseln ähneln stark dem, was der Körper natürlicherweise bei der Verdauung von Ölen produziert. Dabei bildet er sogenannte Chylomikronen[8], die man sich wie kleine Ölkügelchen mit einer Außenschicht aus Gallenflüssigkeit oder anderen biologischen Substanzen vorstellen kann. Wie die Chylomikronen des Körpers besitzen die Mikrocluster eine negative Oberflächenladung bzw. ein negatives Zeta-Potential. Es liegt an der Minusladung, daß ein Chylomikron oder ein Mikrocluster vom Körper aufgenommen werden kann. Die Aufnahme erfolgt über das Lymphsystem in den Darm. Bei ihrem Ersteintritt in den Körper umgehen diese Teilchen die Leber.[9]

Die zur Zubereitung der Lösung nötige Menge hängt von der zu bedeckenden Oberfläche und der Kritischen Oberflächenspannung des Nährstoffs ab. Wir erinnern uns, daß die Partikelgröße in Beziehung zur Größe der Oberfläche steht: Der Betrag für die Bedeckung der Oberfläche ist relativ klein. Bei einem identischen Nährstoffgewicht wird die Oberfläche umso größer, je kleiner die Partikel sind. Der Schlüssel liegt darin zu gewährleisten, daß genug Mikrocluster-Lösung vorhanden ist – was eine vollständige Benetzung bewirkt –, damit der Nährstoff vom Körper aufgenommen werden kann.

Einige Nährstoffe können von der Leber zerstört werden. Dadurch, daß Mikrocluster, wie oben beschrieben, zur Einkapselung dieser Nährstoffe in geodätischen Einschlüssen verwendet werden, können diese die Leber umgehen und vom Lymphsystem aufgenommen werden. Partikel bis zu einem Durchmesser von fünf Micron werden vom Lymphsystem vollständig aufgenommen, sofern sie die Leber umgehen können. Das bedeutet, sehr große Nährstoffe mit hohem Molekülgewicht lassen sich leicht in die Lymphkanäle überführen, wenn sie nicht die Leber passieren müssen, in der sie vernichtet würden.[10]

Patrick Flanagan zufolge „ist die Nährstoffaufnahme im Verdauungssystem abhängig von der Benetzung der Nährstoffe durch Wasser. Der Benetzungsvorgang hängt wieder von der Oberflächenspannung ab: Je niedriger die Oberflächenspannung der Verdauungssäfte ist, desto effizienter wird die Nährstoffaufnahme. Im Verdauungssystem gibt es drei Bereiche für die Nährstoffaufnahme. Im Magen kann nur die Aufnahme von Alkohol stattfinden. Kohlehydrate, Aminosäuren und andere wasserlösliche Nährstoffe werden über die Leber und den Dünndarm aufgenommen. Die Pfortader transportiert diese Nährstoffe zur Leber, wo sie weiter umgewandelt werden, ehe sie für den Körper nutzbar sind.“[11] Die Mikrocluster verringern die Oberflächenspannung des Wassers, wodurch die Wirksamkeit der Nährstoffübernahme in den Körper verbessert wird.

Die Herabsetzung der Oberflächenspannung kann man in einem einfachen Versuch beobachten. Wenn man gewöhnliches Leitungswasser auf eine heiße Herdplatte schüttet, kann man feststellen, daß die Wasserkügelchen, die sich darauf bilden, recht groß sind. Nun fügt man einige Tropfen Crystal Energy hinzu und achtet dabei auf die Größe der Kügelchen. Sobald sich die Flüssigkeit reorganisiert hat, verringert sich die Größe der Kügelchen deutlich. Dieser Versuch zeigt, daß die Mikrocluster-Technik die Oberflächenspannung tatsächlich reduziert.

Tanzende Lichtpünktchen: Die Somatide

Für den Nachweis, daß lebendige Zellen unbegrenzt lange am Leben erhalten werden können, erhielt Dr. Alex Carrel 1912 den Nobelpreis für Medizin. Er sagte dazu: „Die Zelle ist unsterblich. Nur die Flüssigkeit, in der sie schwimmt, degeneriert. Erneuern Sie diese Flüssigkeit regelmäßig, geben Sie den Zellen, was sie für die Ernährung brauchen, dann geht das Pulsieren des Lebens, nach allem was wir wissen, ewig weiter."

Die Flüssigkeit, von der Carrel hier spricht, ist das Zellwasser. Es besitzt eine einzigartige Form, denn es strukturiert sich aus flüssigen Kristallen – im Gegensatz zu gewöhnlichem Wasser, das eine derartige Flüssigkristallform nicht aufweist. Es war nicht möglich, Carrels Versuche zu wiederholen, weil es anderen Forschern nicht gelang, die von ihm geheimgehaltene Lösungsflüssigkeit zu kopieren, die er zur Zellvitalisierung verwendete. Das Geheimnis der Langlebigkeit von Zellen liegt in den Energievermittlern, die sich in den Körperflüssigkeiten aller Lebewesen befinden. Der Kanadier Dr. Gaston Naessens hat diesen Energievermittler möglicherweise entdeckt. Er bezeichnete den Energietransformator der Zellen als „Somatid", was „winziger Körper" bedeutet.

Naessens Entdeckung wäre ohne die Erfindung eines neuen, stark auflösenden Mikroskops nicht möglich gewesen. Das von ihm entwickelte Mikroskop ermöglichte es ihm, Objekte zu erkennen, die zuvor für das menschliche Auge weder mit normalen noch mit Elektronenmikroskopen sichtbar gemacht werden konnten.

In seiner frühen Forschung als Mikrobiologe in den vierziger Jahren hatte Naessens etwas im Blut beobachtet, das sich selbst mit den besten verfügbaren Mikroskopen kaum erkennen ließ. Wie er wußte, hing die Möglichkeit, ein Objekt unter dem Mikroskop zu betrachten, davon ab, ob sich dieses Objekt durch Licht aufhellen läßt. Also entwickelte er das stärkere Naessens-Mikroskop, das heute jedem Forscher zur Verfügung steht. Für ihre Wasserforschung und andere Gebiete nahmen Patrick und Gael Crystal Flanagan unter anderem dieses Werkzeug zu Hilfe.

Die Flanagans konnten diese Erfindung gut gebrauchen, um die Somatide, die erwähnten extrem kleinen Energievermittler, zu beobachten. Sie sehen aus wie kleine flimmernde Lichtpunkte, die um lebendige Blutkörperchen herumzutanzen scheinen. Diese winzigen Lichtpünktchen befinden sich in den Körpersäften aller Lebewesen, ob Tier oder Pflanze. In frischem Gemüse sind diese Somatide in riesigen Mengen vorhanden. Wenn frische Nahrungsmittel länger lagern, geht die Anzahl der Somatide gemeinsam mit der Vitalität der Nahrung zurück.

Dazu merkte Gael Crystal Flanagan an: „Bei Nahrungsmitteln haben wir beobachtet, daß lebendes, organisch angebautes, ungekochtes Gemüse und Obst sowie deren Saft rasch positive Wirkungen auf das Blut zeigen. Eigenständigkeit und Mobilität der Blutzellen und Somatide nehmen schnell zu. Durch das Mikroskop können wir sehr schnell Unterschiede zwischen organischer, lebendiger Nahrung und behandelten, entvitalisierten Nahrungsmitteln feststellen.“ [12] Wie die Flanagans beobachteten, zerstören Schad- und Giftstoffe die Energie bzw. das Zeta-Potential von Nahrungsmitteln.

Nach dem Einsatz von Mikroclustern bemerkten sie in Blutproben tiefgreifende Veränderungen. Sie fanden heraus, daß sich durch Einnahme von mit Mikroclustern behandeltem Wasser die Somatidkonzentration eindeutig erhöht. Sie wiesen Somatide in Hunza-Wasser, frischem Obst und Gemüse und Crystal Energy nach. Da sie ferner beobachtet haben, daß die Somatidkonzentration in ihrem Blut nach dem Essen und dem Schlafen, nach sportlicher Betätigung sowie anderen Aktivitäten steigt, haben die Flanagans eine Lebensweise entwickelt, die ein maximales Energieniveau garantiert.

Wie sie auch feststellten, haben bestimmte Nährstoffe grundlegende Auswirkungen auf das Blut. Vitamin B12 zum Beispiel besitzt ganz besondere elektrische Eigenschaften, die es wie einen Energieumwandler wirken läßt. Die Flanagans fanden heraus, daß die beste Form dieses Vitamins das Co-Enzym B12 ist. In dieser Form speichert es der menschliche Körper. Wenn man es in dieser Form einnimmt, umgeht man den fünfstufigen Prozeß, den der Körper normalerweise zum Aufbau von B12 in Gang setzt. Gael Flanagan erläutert: „Der Grund dafür, daß Vitamin B12 dem Körper Energie zuführt, liegt darin, daß alle Tetrapyrrole oder Porphyrin-Ringstrukturen im Organismus wie Energie-Umformer wirken. Die Alge Spirulina enthält enorme Mengen von Pigmenten, die unter anderem Co-Enzym B12 enthalten.“[13]

Wasserstoff und der Alterungsprozeß

Zusätzlich zu speziellen kolloidalen Mineralclustern enthält Wasser vom Hunza-Typ negativ geladene Wasserstoffionen, die in käfigartigen Strukturen eingefangen werden können. Erst im letzten Jahr waren die Flanagans in der Lage, die negativ geladenen Wasserstoffionen im Wasser millionenfach zu erhöhen.

Jeder weiß, daß der Körper Sauerstoff braucht, um zu leben. Seit kurzem wird viel Aufmerksamkeit auf Sauerstofftherapien gerichtet. Was viele jedoch nicht wissen, ist, daß wir Wasserstoff ebenso wie Sauerstoff benötigen. Im lebendigen System verbrennt Sauerstoff den Wasserstoff und gibt damit die für unseren Körper notwendige Energie frei.

Studien haben gezeigt, daß der menschliche Körper Wasserstoff in seinen Geweben speichert. Wenn wir älter werden, kann der Verlust von Wasserstoff in den Zellen zu vielen negativen Symptomen des Alterungsprozesses führen. Der Verlust von Wasserstoff kann eine schleichende Austrocknung verursachen, da es so aussieht, daß Wasserstoff eine große Rolle bei der Bewässerung unserer Zellen spielt.

Anzeichen für Wasserstoffverlust können z.B. chronische Erschöpfung, Depression, Hormonungleichgewichte und Magenverstimmung sein. Wenn unser Gewebe Wasserstoff verliert, wird es steif und verliert seine Flexibilität. Dehydrierte Sehnen und Muskeln reißen leichter, und dehydrierte Knochen werden spröde. Verliert die Lunge an Flexibilität, führt dies wiederum zu einem Verlust an Sauerstoff. Indem wir unsere Wasserstoffdepots wieder füllen, können wir möglicherweise viele der soeben beschriebenen negativen Auswirkungen lindern.

90 Prozent der Materie im bekannten Universum besteht aus Wasserstoff; Helium macht 9 Prozent aus. Alle anderen Elemente im Universum können in dem übrigen einen Prozent gefunden werden. Da Wasserstoff so reichlich vorhanden ist, könnte man meinen, daß man alles darüber weiß. In Wirklichkeit haben wir aber gerade erst begonnen, die Bedeutung des Wasserstoffes für lebende Systeme zu erkennen.

Das Wort „Wasserstoff" kommt aus dem Griechischen und bedeutet „Wassergestalter". In der Tat wissen wir alle, daß Wasser, die Matrix oder Mutter des Lebens, aus Wasserstoff und Sauerstoff besteht. Wasser entsteht, wenn Wasserstoff von Sauerstoff verbrannt wird. Wir schaffen jeden Tag reines Wasser als Stoffwechselprodukt. Wenn wir Wasserstoff in unseren Zellen verbrennen, wird die freigegebene Energie verwendet, um unseren Körper zu unterhalten.

Das lebendige System verfügt über zahlreiche chemische Botenstoffe, die Informationen übertragen und Reaktionen im Stoffwechsel auslösen. Ständig werden neue Botenstoffe entdeckt. Der zuletzt entdeckte chemische Botenstoff ist Stickstoffoxid. Er wird als der fünfte Botenstoff bezeichnet. Nur sehr wenige wissen, daß Wasserstoff der letzte Botenstoff im lebendigen System ist.

Der Nobelpreisträger Albert Szent-Györgyi, der das Vitamin C entdeckte, fand heraus, daß das Gewebe von Tieren Wasserstoff in gewaltigen Mengen speichert. Verschiedene Organgewebe speichern Wasserstoff in unterschiedlichen Mengen. Szent-Györgyi fand zum Beispiel heraus, daß Wasserstoff in dieser Reihenfolge vom Körper gespeichert wird:

Leber – Darm – Niere – Herz – Lunge – Milz.

Lebergewebe speichert den meisten Wasserstoff, während die Milz am wenigsten speichert. Interessant dabei ist, daß die Leber als die erste „Verteidigungslinie" des Körpers am meisten Antioxidantien braucht, um ihre Entgiftungsarbeit zu erledigen.

Der Transport von Wasserstoff könnte das fehlende Glied in der Suche nach den Ursachen und auch nach der möglichen Umkehrung des Alterungsprozesses sein. Wenn wir altern, dehydrieren unsere Zellen, und unser „Wasserstoffpool" entleert sich. Der Wasserstoffpool schützt unsere Zellen vor der Beschädigung durch Freie Radikale. Praktisch alle Langlebigkeitsforscher stimmen darin überein, daß Freie Radikale für den Alterungsprozeß verantwortlich sind.

Ein lange ungelöstes Paradox in der Medizin ist die Tatsache, daß Sauerstoff die Quelle allen Lebens und zugleich auch ein Hauptgrund für das Altern ist. Mit ungeheuren Anstrengungen wird versucht, eine Kombination von mächtigen Antioxidantien zu finden, die Zellschäden durch Freie Radikale verhindern bzw. umkehren können.

Wasserstoff könnte die übersehene Hälfte der „Lebensgleichung" sein. Es ist der Wasserstoff, der unsere Zellen vor Oxidation durch Freie Radikale schützt und den Zellen Energie liefert, wenn er von Sauerstoff, der anderen Hälfte der „Lebensgleichung“, verbrannt wird.

Das einzige, das alle Antioxidantien gemeinsam haben, ist, daß ihre Quelle der Wasserstoff ist. Wasserstoff ist das endgültige Antioxidationsmittel. Wasserstoff ist auch die Quelle von Protonen für die Adenosin-Triphosphat-Produktion. (Bitte beachten Sie: ATP bzw. Adenosin-Triphosphat ist eine biochemische Batterie, die fast den gesamten Energiebedarf des Körpers deckt. Letztlich nehmen wir Nahrung zu uns, um Adenosin-Triphosphat zu erzeugen).

Wasserstoff ist der Wissenschaft als das leichteste und kleinste Element bekannt. Wir wissen jetzt, daß wir jeden Tag etwa ein halbes Pfund reinen Wasserstoff nur zum Zwecke der Produktion von Adenosin-Triphosphat verwenden.

Wir alle haben schon einmal vom Kohlenstoffzyklus in der Biologie gehört. Der Kohlenstoffzyklus ist der Prozeß, bei dem von Pflanzen unter Verwendung von Sonnenlicht und Wasser Kohlehydrate und andere Nahrungsmaterialien erzeugt werden. Diese dienen dann Tieren als Nahrungsgrundlage. Tiere atmen Kohlenstoffdioxidgas aus, das wieder von Pflanzen aufgenommen wird. Die Pflanzen verwenden den Kohlenstoff, um mehr Kohlehydrate, Eiweiße und Fette (Lipide) zu erzeugen, die wiederum als Tiernahrung dienen.

Der Kohlenstoffzyklus könnte tatsächlich in „Wasserstoffzyklus“ umbenannt werden. Mehrere Patente wurden in letzter Zeit erteilt, die sich die Tatsache zu Nutze machen, daß Pflanzen in der Lage sind, infrarotes Licht von der Sonne zu verwenden, um Wasser (H_2O) in Wasserstoff und Sauerstoff aufzuspalten. Pflanzen atmen Sauerstoff in die Atmosphäre aus und fügen dem Wasserstoff Kohlenstoff hinzu, um Kohlehydrate, Eiweiße und Fette zu erzeugen. Vor kurzem ist es Wissenschaftlern gelungen, den Wasserstoff abzufangen, ehe er in Nahrung umgewandelt wird. Das auf diese Art freigegebene Gas kann dann verwendet werden, um Automotoren zu betreiben!

Pflanzen erzeugen Kohlehydrate, Eiweiße und Fette, indem sie Wasserstoff an Kohlenstoffatome wie Hüte auf einem Hutständer anbringen. Kohlehydrate enthalten gleichwertig Kohlenstoff, Wasserstoff und Sauerstoff. Wir können sagen, daß unsere Nahrung die Hauptquelle des von uns benötigten Wasserstoffs ist. In Wirklichkeit ist der Lebenszyklus also ein Wasserstoffzyklus. Das „Verbrennen des Wasserstoffs" ist eines der Geheimnisse des Lebens.

Freie Wasserstoffatome, die von Kohlehydraten, Eiweißen und Fetten abgegeben werden, werden in einem „Wasserstoffpendelverkehr" genannten Prozeß zu den Mitochondrien gebracht. Dort werden sie verwendet, um Adenosin-Triphosphat zu erzeugen. In diesem Prozeß wird Wasserstoff von Sauerstoff verbrannt und Energie freigegeben. Das Endprodukt der Verbrennung von Wasserstoff ist Wasser. Dieses zusätzliche Wasser wird aus dem Körper entfernt und schließlich von Pflanzen aufgenommen, die mittels Photosynthese weitere Kohlehydrate, Eiweiße und Fette erzeugen.

Aus der vereinfachten Darstellung obengenannter biologischer Prozesse, die die Basis des Wasserstoffzyklus' aufzeigen, können wir erkennen, daß Lebensenergie durch die Verbrennung von Wasserstoff kontrolliert wird.

Albert Szent-Györgyi sagt in seinem Buch *The Living State* (Der Lebenszustand): „Wasserstoff an ein Molekül anzuschließen bedeutet, ihm (dem Molekül) Energie zu geben. Da im Wasserstoff Elektron und Proton lose gekoppelt sind, schließen wir durch Anschluß eines Wasserstoffatoms im Grunde genommen ein Elektron an."

In biologischen Systemen reisen Wasserstoffatome und Elektronen paarweise. Wenn diese Kombination auf ein positiv geladenes Freies Radikal trifft, kann der Wasserstoff mit dem

Freien Radikal reagieren und es neutralisieren, so daß keine weitere Zellenschädigung auftreten kann.

Möglicherweise ist Wasserstoff das endgültige Antioxidans. Als Folge ihrer Entdeckung haben Patrick und Gael Crystal Flanagan jeden Tag große Mengen von negativ geladenen Wasserstoffionen zu sich genommen. Ihr neues Transportsystem kann den Zellen Wasserstoff verfügbar machen, ohne zuerst in Nahrung eingebunden sein zu müssen. Diese Wasserstoffionen können als „Freie-Radikalen-Fänger" dienen und zur Produktion des Adenosin-Triphosphats verwendet werden.

Wasserstoffbrücken sind der „Klebstoff", der die Moleküle der DNS-Doppelhelix zusammenhält. Die Flanagans glauben, diese Brücken könnten herausgelöst und energetisiert werden. Es ist bekannt, daß die DNS-Spiralen sich fester und fester wickeln und ihre Flexibilität verlieren, wenn wir älter werden. Wie man glaubt, kann diese Kontraktion der DNS-Spiralen die Anzahl von Zellteilungen reduzieren. Normalerweise teilen unsere Zellen sich etwa 50 Mal, ehe sie mit der Reproduktion aufhören.

Wenn wir in der Lage sind, die DNS-Spiralen zu lockern, indem wir die Wasserstoffbrücken aktivieren, hat das möglicherweise eine tiefe Wirkung auf die Fähigkeit unserer Zellen, ihre Regenerationsfähigkeit zu steigern. Die DNS-Spirale schwimmt in Wasser und ist deshalb hydriert. Das Festziehen der DNS-Spirale im Alter kann mit dem Verlust des „Wasserstoffpools" zusammenhängen. Indem eine reichliche Versorgung aus dem Wasserstoffpool wiederhergestellt wird, sind die DNS-Spiralen in der Lage, sich wieder aus der festen Wicklung zu lösen und ihre natürliche Fähigkeit zur Zellteilung zurückzugewinnen.

Gesund und vital durch richtige Ernährung

Durch ihre Blutuntersuchungen unter dem Mikroskop konnten die Flanagans die Auswirken derjenigen Nahrungsmittel beobachten, die die meisten Amerikaner regelmäßig zu sich nehmen. Diese künstlich behandelten und fetten Speisen machen das Blut dickflüssig und weniger vital. Sie beobachteten auch, daß viele Produkte wie Deodorants und Säurehemmer Aluminium enthalten. Das kleine Aluminiumatom besitzt eine dreifach positive Wertigkeit und spielt dem Blut übel mit. Daher sollte den Flanagans zufolge die Aufnahme von Aluminium z. B. über Aludosen, Kochgeschirr oder als Zusatzstoff in verschiedenen Produkten vermieden werden.

Unausgewogenheiten von Kalium und Natrium sowie von Kalzium und Magnesium können sich unter Umständen ebenfalls negativ auf das Blut auswirken. In den meisten künstlich behandelten Nahrungsmitteln sind die Konzentrationen dieser wichtigen Mineralstoffe in ihr Gegenteil verkehrt. In natürlicher Nahrung stimmen die Mengenverhältnisse der richtigen Nährstoffe. Durch künstliche Behandlung werden diese Verhältnisse verdreht. Natürliche Nahrungsmittel enthalten fünfmal so viel Kalium wie Natrium. Das Verhältnis von Magnesium zu Kalzium ist in behandelten Nahrungsmitteln doppelt so hoch wie in unbehandelten. Die korrekte Mengenverteilung dieser Mineralstoffe ist für eine ausgewogene Blutbeschaffenheit und gute Gesundheit von entscheidender Bedeutung.

Ein Magnesiumüberschuß verlagert Kalzium aus weicheren Gewebearten in die Knochen, wo es benötigt wird. Wenn zuviel Kalzium vorhanden ist, werden Hormone freigesetzt, die das Kalzium aus den Knochen ins weiche Gewebe verfrachten, wo die Kalziumionen, die dort nun viel zu stark vertreten sind, die Zellen zerstören.

Die Forschung der Flanagans hat gezeigt, wie wichtig es ist, die richtigen Nahrungsmittel in der richtigen Form zu sich zu nehmen. Ihre Erkenntnisse unterstreichen auch den Wert der Rolle, die das Wasser als Träger von Energie- und Nährstoff-Austauschvorgängen im Körper und als Giftstoffentsorger hat. Durch die Beigabe von Mikrocluster-Kolloiden werden die Vorgänge beim Nährstoffaustausch gefördert. Wenn man die Nahrungs- und Vitaminaufnahme über den ganzen Tag verteilt und dazu das richtige Wasser trinkt, kann der Organismus die Wirksamkeit dieser Vorgänge sogar noch weiter steigern.

Durch Körperübungen wie T'ai Chi Chuan, Yoga oder sogar einfaches Spazierengehen kann man die Kreislauffunktionen erheblich verbessern. Atemübungen führen ebenfalls zu einer enormen Verstärkung der körperlichen Vitalität. Die Gesundheit läßt sich durch die richtige Kombination von Ernährung und Wasser deutlich steigern. Darin liegt einer der Schlüssel zur Bewahrung von Gesundheit und Vitalität beim Älterwerden.

Die Forschung der Flanagans hat sie auf viele ungewöhnliche Wege geführt. Im Laufe ihrer zahlreichen Projekte haben sie nicht nur die Energie studiert, die durch die Akupunkturpunkte fließt, sondern auch andere subtile Körperenergien. Sie haben Instrumente gebaut, mit denen sich diese äußerst feinen Bioenergien messen lassen. Sie haben gezeigt, daß es möglich ist, die Energie, die den menschlichen Körper umgibt, durch Ernährung, Körperübungen, innere Einstellung, Wasseraufnahme und einige andere Faktoren zu beeinflussen. Und solche Veränderungen des körperlichen Gesamtenergiezustandes können einschneidend sein.

Kapitel 8

Auf den Spuren einer neuen Wissenschaft

Als Patrick und Gael zusammenzuarbeiten begannen, beschränkten sie ihre Reisen auf Arizona. Mehr als zwölf Jahre lang blieb Flanagan in der Nähe seines Zuhauses. Man sah und hörte kaum etwas von ihm; von Zeit zu Zeit wurde er in einem Buch oder Artikel erwähnt. Er konzentrierte sich auf die Forschung und die Wissenschaftsbereiche, die ihn reizten. Gleichzeitig ermutigte Patrick mich zu den Recherchen zum HAARP-Projekt[1], die schließlich zur Veröffentlichung des Buches *Löcher im Himmel* führten, das ich gemeinsam mit der Journalistin Jeane Manning schrieb. Es war unsere erste gemeinsame Recherche über die biologischen Auswirkungen und Risiken, die in dieser neuen Art von Waffen liegt.

Sowohl nach unseren Veröffentlichungen über HAARP als auch nach der Erstveröffentlichung dieses Buches auf Englisch nahmen zahlreiche Forscher Kontakt mit uns auf. Doch Gespräche über Telefon, Fax oder Computer sind nicht dasselbe wie ein persönlicher Austausch.

Im November 1996 begann ich deshalb mit der Planung einer Europa-Reise. Ich wollte einige Menschen aufsuchen, die bei unseren Bemühungen mitwirkten, in der Hoffnung, ein persönlicher Gedankenaustausch mit ihnen möge die Forschungsanstrengungen aller Beteiligten vorantreiben. Ich fragte Patrick, ob er mich auf dieser Reise begleiten wolle. Aufgrund seiner selbst auferlegten Isolation rechnete ich nicht damit, daß er zustimmen würde. Deshalb war ich völlig überrascht, als er sich bereit erklärte mitzukommen. Er sagte: „Ich habe die letzten zwölf Jahre damit verbracht, viel zu forschen und zu entdecken. Es war eine unglaublich fruchtbare Periode für mich. Jetzt ist es Zeit, meine Ergebnisse der Öffentlichkeit mitzuteilen und meine Freunde zu treffen."

Die Reise durch Europa wurde auf Ende Januar/Anfang Februar 1997 festgelegt. Zweck der Reise war es, unsere Forschungsergebnisse auf den Gebieten der neuen Wissenschaft und Politik bekanntzumachen und gleichzeitig neue Erkenntnisse über Forschungen in Europa zu gewinnen. Überall in der Welt gibt es fast täglich neue Forschungsergebnisse, und am Horizont zeichnen sich vielversprechende Neuerungen ab.

Strahlenschutz und Elektromedizin

Wir starteten unsere Reise in New York, um uns mit anderen Forschern auszutauschen, die sich für alternative Medizin interessierten. Als erstes trafen wir Sara Shannon, Autorin eines Buches mit dem Titel *Technologies Curse: Diet for the Atomic Age* (Fluch der Technik: Ernährung im Atomzeitalter). Dieses Buch ist eines der besten, das ich je zum Thema der niederfrequenten Strahlungsbelastung gelesen habe. Es beschreibt die Hintergrundstrahlungen, denen wir im täglichen Leben ausgesetzt sind. Es sagt auch, was man tun kann, um den gefährlichen Langzeitauswirkungen von Strahlungen zu entgehen, die über den normalen Grenzwerten liegen. Das Buch führt u.a. Nahrungsmittel an, die die Ausscheidung radioaktiver Gifte im Körper anregen, und solche, die man meiden sollte.

Sara schenkte uns einen sogenannten Radalert (ein spezieller Geigerzähler), den wir auf unserer Reise durch Europa bei uns tragen sollten. Das Gerät war einfach anzuwenden – man mußte nur zwei Schalter betätigen, um eine Strahlungsanzeige zu erhalten. In allen Regionen, die wir besuchten, registrierten wir deutliche Unterschiede in der Hintergrundstrahlung. An manchen Orten lag die Strahlungsbelastung weit unterhalb der zulässigen Grenzwerte, an anderen erreichte sie diese beinahe oder überstieg sie sogar. Wir malten uns aus, wie es wäre, wenn ein paar Tausend solcher Geräte die Aktivitäten aller pathogenen Strahlungsquellen anzeigen würden – im ganzen Land und rund um den Globus. Es wäre interessant, die Emissionen der Energieerzeuger genau messen zu können. Auch die Auswirkungen auf unser Immunsystem und unsere Gesundheit im allgemeinen könnte man damit unter die Lupe nehmen.

Unseren nächsten Besuch in New York statteten wir Dr. Joseph Carozza ab. Er hat alternative und natürliche Heilverfahren für den Einsatz in den Vereinigten Staaten untersucht. Carozzas besonderes Interesse gilt der Leistungsfähigkeit von Heilsystemen auf elektromagnetischer Basis.

Carozza machte uns mit Dr. Emanuel Revici bekannt, einem Mediziner, der sich primär mit der Entwicklung wirksamer Formen der Elektromedizin befaßt. Er hat viel Zeit seines Lebens damit verbracht, die Ursachen von Krankheiten zu erforschen und zu untersuchen, wie sich diese Leiden mit einer ausgewogenen Körperchemie heilen lassen. Seine Pionierarbeit wurde von der Amerikanischen Stiftung für Krebsforschung und dem Institut für Angewandte Biologie gewürdigt.

Die Gespräche mit Dr. Carozza waren interessant und anregend, und auf unserer Reise erinnerten wir uns noch oft an ihn. Denn viele andere, mit denen wir über unsere Arbeit in Kontakt stehen, wie z. B. Dr. Reijo Mäkelä und dessen Tochter Dr. Anu Mäkelä, teilen Carozzas Interessen. Wir hoffen, daß praktische Ärzte in den Vereinigten Staaten sich von Mäkelä in der Elektrolasertherapie ausbilden lassen weden. Diese Methode hat sich als erfolgreich erwiesen, die Zellwucherungen bei bestimmten Krebsarten aufzuhalten und das Wachstum umzukehren. Auch bei der Parkinsonschen Krankheit, bei Diabetes, Herz- und Gefäßerkrankungen, Multipler Sklerose und anderen, für unheilbar gehaltenen Leiden wurde diese Methode mit Erfolg eingesetzt.

Ein Schwerpunkt unserer Reise bestand darin, neue Ideen in Wissenschaft, Medizin und Politik zu fördern und Kontakte zustande zu bringen. Von daher war das Treffen mit Dr. Carozza ein wirklich guter Anfang.

Unser nächstes Reiseziel war Amsterdam, wo wir einen Tag ausspannten, damit wir uns ein wenig akklimatisieren und uns an den Zeitunterschied gewöhnen konnten – elf Stunden im Verhältnis zu meiner Heimat Alaska und neun Stunden zu Patricks Heimat Arizona.

HAARP und das Europa-Parlament

Am nächsten Tag flogen wir nach Brüssel, um uns dort mit unseren Freunden im Europa-Parlament zu treffen und mit ihnen über HAARP und verwandte Themen zu sprechen. Unser Hauptkontaktmann war Tom Spencer, ein englisches Parlamentsmitglied, das gerade Vorsitzender des Komitees für Auswärtige Angelegenheiten geworden war. Spencer stand seit über einem Jahr wegen HAARP mit uns in Kontakt. Er ist außerdem Vorsitzender der Organisation *Global*, die Parlamentarier der russischen Duma, des europäischen und japanischen Parlaments sowie des U.S.-Kongresses repräsentiert. Er engagiert sich sehr für dieses Thema und hatte bereits konkrete Vorschläge zum weiteren Vorgehen erarbeitet.

Bei unseren Gesprächen in Brüssel einigten wir uns darauf, eine Resolution gegen das HAARP-Projekt vorzulegen und vielleicht gegen die gesamte Richtung anzugehen, die diese neue elektromagnetische Waffentechnik nimmt. Denn diese neuen Systeme stellen den Beginn eines weiteren Wettlaufs um eine neue Waffengattung dar. Wir können diesen Wettlauf vermeiden, wenn wir jetzt handeln und den Einsatz von Waffensystemen verhindern, die – darin sind sich die meisten einig – überhaupt nicht nötig sind.

In den letzten drei Jahren, seit wir mit unserer Recherche zu HAARP begannen, haben wir eine Menge über die Vorgehensweise des Militärs bei der Entwicklung dieser neuen Technologie erfahren. Wir glauben, daß aus all den offensichtlichen Gründen gegenwärtig eine starke Streitmacht weiterhin nötig ist. Aber die Welt hat sich ebenso verändert wie die Art der Kriegsführung. Jetzt geht es vor allem um die wesentliche Frage, wie unser geistiges Kapital, die Intelligenz der besten Köpfe unter uns, sich neu orientiert. Eine Ausrichtung auf lebensfördernde Ziele wäre die Dividende des Friedens. Allerdings muß das erst noch begriffen werden. Die militärische Anwendung der neuen Technologien blockiert zudem die neue Wissenschaft, die wir an anderer Stelle in diesem Buch erörtert haben. In der Neuverteilung des geistigen Kapitals der Nationen zur Lösung der anstehenden Probleme könnte der Schlüssel zu vielen Fortschritten für die Menschheit liegen.

Die Weiterentwicklung und der Einsatz dieser neuen Technologie löst einige Diskussionen über die wahren Absichten der Militärplaner aus. Diese Planer vermitteln die Illusion einer Veränderung hin zu einer friedlicheren Welt. Doch gleichzeitig fahren sie damit fort, weitere, noch wirkungsvollere Tötungssysteme zu entwickeln. Das Problem bei vielen dieser neuen Programme zur Waffenentwicklung ist, daß sie neues Wissen über die Physiologie des Menschen ausschlachten und dazu benutzen, menschliches Leben zu vernichten oder deutlich zu verschlechtern, anstatt dieses Wissen dazu einzusetzen, bessere Heilverfahren zu entwickeln. Das Wissen der Militärs über die Wechselwirkungen zwischen dem Menschen und elektromagnetischer Energie mag den Schlüssel für viele mögliche Verbesserungen in der Medizin in sich bergen. Ein wichtiger Teil der Debatte um diese neuen Methoden dreht sich um die Notwendigkeit, die Mauern einzureißen, die der wissenschaftliche Geheimhaltungsklüngel um sich herum aufgebaut hat. Diese Barrieren behindern die zukünftige Entwicklung neuer Methoden, z.B. im Gesundheitswesen und in der Agrarwirtschaft. Die Notwendigkeit, Forschungsanstrengungen in eine militärische Richtung zu lenken, entstammt noch unserem alten, vom Kalten Krieg geprägten Denken. Es ist heute dringend nötig, die neuen Erkenntnisse im Gesundheitswesen und in der Landwirtschaft (zwei Bereiche, die heute weltweit am dringendsten einer Reform bedürfen) der Öffentlichkeit zugänglich zu machen.

Heute ist die Welt nicht mehr in erster Linie durch den Krieg bedroht. Viel größer ist die Gefahr, daß unsere wissenschaftliche Forschung dazu führt, die menschlichen Lebensbedingungen zu verschlechtern, anstatt sie zu verbessern. Der springende Punkt bei all dem sind die Billiarden von Dollar, die in die Entwicklung neuer Verfahren investiert werden, die Gesundheit, Verhalten und Handeln jedes Menschen auf eine Weise beeinflussen können, die den Regierungen noch mehr Macht überträgt. Wahre Wissenschaft sollte letztlich der Menschheit dienen, statt den Machthabern durch ausgeklügeltere Systeme zur Kontrolle der Bevölkerung noch mehr Macht zu geben.

Steigerung des menschlichen Potentials durch Bewußtseinsstimulation

Im Anschluß an unsere Termine in Brüssel kehrten wir wieder nach Amsterdam zurück, und als wir uns dort ein wenig umsahen, entdeckten wir eines der wenigen Unternehmen, das sich mit neuen Gehirntechniken beschäftigt. Ard Qualm, der Eigentümer von Wide Minds, engagiert sich sehr dafür, die Menschen auf ihre höheren geistigen Potentiale aufmerksam zu machen. In seinem kleinen Shop entdeckten wir manch erprobtes Gerät. Er führt Super-Learning-Systeme, Licht- und Klanggeräte, zahlreiche Audioprogramme, Bücher und weitere Produkte dieser Art. Wir führten ihm Flanagans Neurophon vor und überließen ihm Material dazu. Ein paar Tage später, als wir bereits in München waren, hörten wir wieder von ihm. Und da er an unserer Arbeit so interessiert ist, werden wir wohl einige der Technologien, mit denen wir in Berührung kommen, nach Amsterdam bringen.

In Europa besteht großes Interesse an Methoden zur Steigerung des menschlichen Potentials. Bislang konzentrierte man sich vor allem auf den physischen Körper. Heute wächst auch das Interesse an Methoden zur Entwicklung der geistigen Fähigkeiten. Viele Menschen haben inzwischen aufgrund zweifelhafter Angebote und verwirrender Informationen das Interesse daran verloren. Das ändert sich jetzt mit einer Reihe vielversprechender Technologien. Dabei handelt es sich um Systeme, die fast sofortige Entspannung verschaffen, schnelleres Lernen und Verhaltensänderungen ermöglichen – kurzum Technologien, die dazu dienen sollen, in geistige Zustände hineinzukommen, die auf anderem Wege schwer zu erreichen sind, und um Methoden zur allgemeinen Steigerung der geistigen Leistungskraft. Mit Hilfe einiger dieser Technologien lassen sich heute bereits viele Probleme beheben, ohne noch Medikamente einsetzen zu müssen. Konzentrationsmangel oder Lernschwierigkeiten können mit diesen Technologien beseitigt, das Energieniveau kann angehoben und mehr Kreativität freigesetzt werden.

Einige Menschen, die sich dem mystischen Weg verschrieben haben, ärgern sich über derlei Technik. Sie betrachten sie als eine Abkürzung, die ohne die Disziplin auskommt, die ansonsten in hartem Training erkämpft werden muß. Aus meiner Sicht stillt diese neuen Technik unser grundlegendes Bedürfnis, die individuellen Potentiale zu erforschen und zu fördern, ohne dabei in die Fallen von Überzeugungen oder Dogmen zu tappen. Aus diesem Grund interessieren sich so viele Menschen auch weiterhin dafür.

Interessante neue Impulse aus dem Osten

Unser nächstes Reiseziel war die finnische Hauptstadt Helsinki, wo wir uns mit Freunden, Forschern und Pressevertretern treffen wollten. Zuerst besuchten wir Dr. Anu Mäkelä, die neben ihren eigenen Forschungen die Arbeit ihres Vaters vorantreibt. Sie hat sich mit vielversprechenden Methoden zur Nahrungskonservierung beschäftigt. In der Zeit, die wir in Helsinki verbrachten, schrieb sie gerade ihren ersten Patentantrag und bemühte sich gleichzeitig darum, zusätzliche Forschungsgelder für ihre Projekte aufzutreiben. Sie hat einen Weg gefunden, Nahrung mit verstärkten Lichtemissionen zu behandeln, was die Nahrungskonservierung ohne Kühlung ermöglicht. Bei dieser Methode werden Lebensmittel dem Licht in einem ganz bestimmten Frequenzbereich ausgesetzt, was ihren Geschmack und ihre Beschaffenheit in keiner Weise beeinträchtigt. Es wird eine Resonanz mit Mikroorganismen und Pilzen hergestellt, die zu deren Zerstörung führt. Dabei bleibt die Nahrung unversehrt und frei von Fäulnis.

Anu zeigte uns zwei Monate altes Fleisch, Milchprodukte und andere Proben, die auf diese Weise behandelt worden waren und in versiegelten Behältern bei Raumtemperatur aufbewahrt wurden. Das rohe Fleisch war unverdorben; ähnlich die Milchproben, auf denen sich schöner dicker Rahm abgesetzt hatte. Diese neue Technik bietet phantastische Aussichten z.B. auch für den Transport von Lebensmitteln. Die Nahrung kann so in ihrer ursprünglichen Qualität erhalten werden, ohne sie zu kühlen, bei hohen Temperaturen zu kochen oder sonstwie künstlich zu behandeln. Außerdem ist diese Methode offensichtlich sehr preisgünstig und bietet insgesamt revolutionäre ökonomische und ökologische Vorteile. Wir hoffen, daß es Anu Mäkelä gelingt, ihre Erfindung zu perfektionieren, und ihr Land weise genug ist, ihre Forschung zu fördern.

Anu hatte für uns ein Interview mit Jouko Vähä-Koskela vereinbart, einem Journalisten, der für die zweitgrößte finnische Zeitung, *Turun Sanomat*, arbeitet. Dieser Reporter hat sich auf wissenschaftliche und militärische Themen spezialisiert. So interessierte er sich natürlich auch für das HAARP-Projekt, neue Waffensysteme, die weltweit entwickelt werden, und für das Neurophon. Wir gaben ihm viele Dokumente über HAARP, die beweisen, daß sich diese Technologie als Waffe benutzen läßt.

Dann kamen wir auf das Neurophon und seine Möglichkeiten als Lern- und Hörhilfe zu sprechen. Am nächsten Tag war die Story über HAARP und das Neurophon die Titelgeschichte der Zeitung *Turun Sanomat.* Wichtig war auch der Dialog, der sich dadurch zwischen ganz normalen Menschen entspann. Auch in allen anderen Ländern, die wir besuchten, konnten wir dies beobachten. Und wenn die Medien diese Themen aufgreifen, so trägt dies bereits ein wenig dazu bei, den Status quo zu ändern.

Als nächstes trafen wir uns mit dem Physiker und Mathematiker Dr. Alexander Kaivarainen, der mehr als zehn Jahre lang dem Forschungslabor für Molekular-Biophysik der Russischen Akademie der Wissenschaften vorstand. Patrick und ich wurden zuerst durch sein Buch *Hierarchic Concept of Matter and Fields: Water, Biosystems & Elementary Particles* (Hierarchisches Konzept von Materie und Feldern: Wasser, Biosysteme & Elementarteilchen) auf ihn aufmerksam, in dem er seine jüngsten Forschungsergebnisse zusammenfaßt.

Kaivarainen reiste eigens aus Rußland an, um sich mit uns auszutauschen. Seine Vorstellungen von Materie und Energie haben zur Entwicklung einer speziellen Analysetechnik für feste und lösliche Stoffe und einer entsprechenden Computer-Software geführt. Potentiell ist es damit möglich, bei Einsatz von nur vier Meßinstrumenten 150 Charakteristika einer Stoffprobe zu bestimmen. Mit Hilfe seiner Erfindung, dem „Combined Analyzer of Matter Properties“, kurz CAMP (Kombinierter Analysator von Materie-Eigenschaften), lassen sich durch relativ einfache Tests an Substanzen eine Menge Informationen über sie herausfinden. Auf viele Wissenschaftszweige könnte dieses Verfahren bedeutende Auswirkungen haben.

Wir luden Dr. Kaivarainen in die Vereinigten Staaten ein, um seine Forschung in gemeinsamer Arbeit zu fördern. Die Zusammenarbeit dieser beiden ausgezeichneten Denker Flanagan und Kaivarainen kann möglicherweise zu überraschenden wissenschaftlichen Ergebnissen führen.

Alternative Heilmethoden in Deutschland

Die nächste Station unserer Europareise war München. Unsere dortigen Gastgeber Robert Thiedemann und Sabine Fechner hatten für uns einen beachtlichen Terminplan mit Präsentationen und Interviews zu Patricks Arbeit und zu HAARP arrangiert. Wir trafen uns mit einer Reihe von deutschen und niederländischen Journalisten, denen wir das Neurophon und die zukünftigen Entwicklungen von Flanagans Forschung vorstellten. Insgesamt wurden wir in Deutschland gut aufgenommen, nicht zuletzt dank des außerordentlichen Einsatzes unserer Gastgeber.

Hans Christian Seidl, einer der Forscher, mit dem Robert und Sabine einen Termin für uns vereinbart hatten, beschäftigt sich damit, mit Hilfe eines der Kirlian-Fotografie ähnlichen Systems der Hochfrequenz-Sofortbildfotografie (HFS-Fotografie) an den Fingerspitzen eines Menschen dessen Energiefelder aufzuzeichnen. Mit den Messungen können Funktionsstörungen im Körper durch die Interpretation des „energetischen Fingerabdrucks“ diagnostiziert werden. Nach mehrjähriger Forschung ist Seidl in der Lage, ganz bemerkenswerte Korrelationen zwischen Fingerabdruck (Größe bestimmter Farbflächen, Verteilung und Verästelung der Farbflächen) und den verschiedenen Krankheiten, Energieblockaden, energieschwachen Meridianen etc. aufzuzeigen. Das Verfahren kann am besten als Fotografie beschrieben werden, die die Energiestrahlungen, die als Licht vom Körper ausgehen, auf Film bannt. Diese Energiefelder sind meßbar und zeigen die Vitalität des lebenden Organismus oder der Person, die fotografiert wird. Die Methode ist seit vielen Jahren bekannt, aber ihr Einsatz als derart spezifisches Diagnoseinstrument steckt als Wissenschaft noch in den Kinderschuhen und wird erst von einigen avantgardistischen und aufgeschlossenen Ärzten und Heilpraktikern eingesetzt.

Ein anderer Begleiter während unseres Aufenthalts in München war der Privatforscher Oswald Bartel. Er hat mit Flanagan an der Entwicklung einer Reihe spezieller ionisierter Öle für die äußere Anwendung am Körper gearbeitet. Diese Technik ähnelt einigen Methoden, mit denen Gael Crystal und Patrick Flanagan arbeiten. Bei ihrer Forschung wird Crystal Energy als ein Zusatz fürs Trinkwasser verwendet, was die Oberflächenspannung der Flüssigkeit reduziert und zu einer negativen Ladung führt. Ferner wurde Wasser mit Crystal Energy und einer homöopathischen Substanz negativ und positiv ionisiert, so daß eine Oberflächenspannung mit einem Wert von 45 dyn herauskam, genau wie bei unserem Blut. Dadurch wird, wie in Kapitel 7 beschrieben, die Nährstoff-Transportkapazität des Wassers in lebenden Organismen verbessert. Die Einnahme des behandelten Wassers führt zu einer verbesserten Nahrungsverwertung und zur Reinigung des Körpers von toxischen Stoffen.

Die Öle wiederum sind vornehmlich zur äußerlichen Anwendung gedacht. Das ungesättigte Öl ist ionisiert und bewahrt aufgrund seiner besonderen Molekularstruktur die Energie besser als Wasser. Dies ermöglicht auf ausgeglichene und dauerhafte Weise die Freisetzung von Energie über eine längere Zeit hinweg. Auf Kirlian-Fotos wird sichtbar, wie der Energiefluß nach Anwendung des Öls zunimmt. Es wurde auch berichtet, daß durch Einreiben der Akupunkturpunkte oder anderer Körperstellen mit dem Öl das Energieniveau des Körpers positiv verändert wurde, was zu Schmerzlinderung und durch die Ausbalancierung des Körpers zur Linderung von allerlei Beschwerden führt. Als besonders erfolgreich für Frauen mit Kinderwunsch oder auch Befindlichkeitsstörungen in den Wechseljahren hat sich Öl mit Diosgenin erwiesen, das an bestimmten Körperstellen aufgetragen wird und durch die Poren in den Körper gelangt. Dort wird das Diosgenin umgewandelt in natürliche Progesterone. Diosgenin findet sich in Form natürlich vorkommender Pflanzenstyrole in wilden Yam-Wurzeln. Traditionell wird aus ihm natürliches Progesteron gewonnen.

Oswald Bartels neueste Forschungen haben dazu geführt, besondere ungesättigte Öle negativ und positiv mit Edelsteinen zu ionisieren. Das Trinken von Flüssigkeit, in die dieses in kleine Kristallröhrchen abgefüllte Öl nur einige Sekunden gehalten wird, soll zur Regulierung der 14 Hauptmeridiane und von sechs Nebenmeridianen führen. Diese spannenden Forschungsergebnisse zeigen, welche Fortschritte sich mit unabhängiger Forschung erzielen lassen.

Als wir uns nach einem kurzen Parisbesuch auf die Heimreise in die Vereinigten Staaten vorbereiteten, begannen die Eindrücke unseres Europa-Besuchs sich zu setzen, und wir nahmen uns vor, durch Veröffentlichungen dazu beizutragen, diese Art von Wissenschaft im Dienste der Menschheit zu fördern. Die Vorstellung, daß ein paar Menschen viel bewirken können, wurde uns auf dieser höchst interessanten Reise so klar wie nie zuvor. Die Projekte der europäischen Neuerer, die in vielen Fällen allein und abseits der wissenschaftlichen Hauptströmung arbeiten, sind für uns alle vielversprechend.

Auf der ganzen Welt interessieren sich viele Menschen für diese Themen. Endlich macht der Mensch große Fortschritte auf den Gebieten der Medizin, der Lerntechniken und der Landwirtschaft, und dann benutzt man diese neuen Techniken vor allem dazu, potentiell lebenszerstörende Systeme zu schaffen. Das ist das Tragische an unserer Zeit. Statt dessen muß die elektromagnetische Kriegsführung zu Pflugscharen im Dienste der Gesundheit umgeschmiedet werden. Wir hoffen auch auf formelle Aktionen durch das Europa-Parlament zur Rüstungsthematik und auf weitere technische Fortschritte zum Wohle der Menschheit.

Schlußbetrachtung

Seit meinem ersten Treffen mit Patrick und Gael Flanagan im Jahre 1993 war mein Leben nicht mehr wie früher. Nie zuvor war mir so klar, wie wichtig es ist, neue Informationen zu sammeln, die uns alle weiterbringen können. In welche Richtung geht es von hier aus weiter? Die Antwort auf diese Frage hat viel mit Bewußtsein zu tun. Es besteht ein großes Bedürfnis nach Wissen und Technik, die die Freiheit und den Fortschritt des einzelnen fördern, anstatt ihn mit immer ausgefeilteren Manipulationstechnologien von seinen wahren Fähigkeiten abzuschneiden und immer tiefer in die Abhängigkeit zu treiben. Wenn wir uns mit offenen Augen und wachem Verstand die Welt um uns herum ansehen, dann wird nur allzu deutlich, daß wir uns keinen Aufschub mehr leisten können. Der Zeitpunkt für den Wandel ist jetzt.

In uns selbst finden wir die Elemente des Wandels, und es sind die Handlungen des einzelnen, die die Macht des Geistes freisetzen, um mit uns in Wechselbeziehung zu treten. Durch Stillstand geschieht überhaupt nichts. Jeder von uns ist Teil eines organischen Internets, das keinen menschlichen Leiter, keine Führungsriege und keine Operationsbasis braucht. Wir sind alle miteinander verbunden, und gemeinsame hohe spirituelle Werte und Glaubenssysteme treiben uns zu Handlungen an, die menschlichen Fortschritt erst schaffen. Diese Macht der Verbundenheit setzt sich über alle auferlegten Grenzen hinweg, geht weit über alle wahrgenommenen Realitäten hinaus und bindet die umfassende Energiequelle ein. Und jeder von uns ist ein Teil von ihr, ob wir es wahrhaben wollen oder nicht.

Viele sind überwältigt von den Fortschritten, die auf allen Gebieten gemacht werden. Einige möchten die Welle der Veränderung bremsen, begreifen sie aber nicht. Und sie können nicht aufhalten, was sie nicht verstehen. Den Fluß der Energie zu stoppen ist unmöglich. Möglich ist es aber, den Energiefluß ins nächste Jahrtausend zu leiten. Die Energie wird entweder von guten oder von schlechten Absichten angetrieben. Dort ist die Lösung zu finden. Richtig motivierte Leute können die Art von Veränderungen schaffen, die heute nötig sind.

Menschen in der ganzen Welt suchen nach einer neuen Art von Anführer, sei es in Wissenschaft, Politik, Religion oder Industrie. Und sie verleihen diesen New-Age-Leitfiguren Macht, ohne über die mächtige Energie nachzudenken, die jedem einzelnen von uns innewohnt. Die vielleicht größte Lektion, die ich von meinen neuen Freunden Patrick und Gael Crystal Flanagan gelernt habe, ist die, daß in jedem von uns eine Kraft wohnt, die in der Tat Berge versetzen kann. Die meisten von uns neigen dazu, nach einer Quelle, einer Anleitung außerhalb unserer selbst zu suchen, die vielleicht von anderen Menschen ausgeht oder von Dogmen oder von Institutionen. Diese Quellen *scheinen* uns Antworten zu geben, doch wenn wir uns ausschließlich auf sie verlassen, vergessen wir nur zu leicht, daß wir die größte Antriebskraft für Veränderungen – sowohl unserer eigenen Persönlichkeit als auch unserer Umwelt – ständig in uns tragen, nämlich unsere eigene innere Verbindung zu Gott oder der göttlichen Idee.

Wir alle tragen zur Gestaltung unserer Realität bei. Aus meinen Erfahrungen mit den Flanagans und anderen wie ihnen weiß ich, daß wir hier sind, um einander zu helfen, um den Zustand der Menschheit zu verbessern. Zunächst scheint diese Idee vielleicht über unseren individuellen Einflußbereich hinauszugehen. Doch dann fällt uns auf, daß wir *versuchen* können, etwas anders zu machen. Und in diesen Versuchen liegt die Macht zur Veränderung im Sinne der neuen Alchemie. Es ist nicht nötig, mit jeder Bemühung Erfolg zu haben; aber es ist äußerst wichtig, sich überhaupt auf eine solche Weise zu bemühen. Wer sich bemüht, dem wird stets Hilfe zuteil, der lernt und macht Fortschritte. Wer aus der richtigen Motivation heraus sucht, wird schließlich Antworten finden und entdecken, daß seine eigene Energie am besten geeignet ist, zur Veränderung beizutragen. In sich selbst zu suchen und das Gefundene nach außen strahlen zu lassen – darin besteht die höchste Kreativität.

Die meisten von uns sind so tief in das eingebunden, was wir unseren „Alltag“ nennen, daß wir gar nicht die Ruhe finden, unsere tatsächlichen Fähigkeiten zu erkunden und dann auch noch Wege zu finden, sie aktiv umzusetzen und nach außen zu tragen. Doch wenn die Entscheidung erst einmal ernsthaft getroffen und die Bereitschaft vorhanden ist, Risiken einzugehen, dann eröffnen sich neue, nie geahnte Möglichkeiten.

Die Flanagans ermutigten mich zunächst zu meiner Arbeit am Thema HAARP und machten mich auf meine Fähigkeit aufmerksam, wichtige Informationen aus Wissenschaft, Medizin und Ökologie zu sammeln und zu verbreiten.

Meine Frau Shelah und ich verbrachten eine der letzten Wochen unserer Recherche für dieses Buch bei den Flanagans in Sedona, Arizona. Diese Woche war primär dafür vorgesehen, Zeit mit unseren Freunden zu verbringen und das Manuskript dieses Buches zu überarbeiten. Freunde, die ebenfalls anderen Menschen helfen, ihr eigenes Potential zu entwickeln und ihre individuelle Verbindung zum göttlichen Kern, zur Quelle der Energie und Kreativität wiederzufinden, begleiteten uns. Für uns sechs, die wir uns in Sedona trafen, war es eine spannende und aufregende Zeit, denn sie war der Beginn einer neuen Phase unserer Aktivitäten.

An Gaels siebenundvierzigstem Geburtstag kamen wir in einer kleinen Hütte zusammen, von der aus man den Oak Creek Canyon überblickt. Die Gegend ist bekannt für Energiephänomene, die seit den siebziger Jahren als Vortex bezeichnet werden. Bereits die Indianer nutzten die eigentümliche Wirkung der speziell in dieser Gegend vorkommenden erdaktiven Zonen. Man unterscheidet Abwärts- und Aufwärtswirbel. Die Abwärtswirbel kommen speziell in Canyons, Höhlen und Tälern vor und bringen Energien spiralförmig aus dem Universum in die Erde. Sie unterstützen meditative Arbeit, mit der man zu sich selbst finden und seine Verbundenheit mit der Natur erfahren kann. Bei den Aufwärtswirbeln, die speziell auf Bergen vorkommen, steigt Energie spiralförmig ins Universum. Sie erzeugen ein traumartiges Gefühl des Entrücktseins. Es ist notwendig, die Wissenschaft in eine Richtung zu lenken, die die Menschen in die Lage versetzt, die Fähigkeiten und Möglichkeiten zu entfalten, die in ihnen angelegt sind.

Wir sprachen mehrere Stunden lang über wissenschaftliche Fragen, die uns bevorstehende Arbeit und über unsere Sorgen um die Richtung, in die die Welt sich zu bewegen scheint.

Wenn man über die Wissenschaft im allgemeinen nachdenkt, wird klar, daß die Technik, die in jedem beliebigen Land entwickelt wird, die Macht des Staates festigt. In vielen Fällen wird die Wissenschaft zur Handlangerin machthungriger Führer in Industrie und Politik. Zunehmend wird Wissenschaft unterdrückt oder in destruktive Bahnen gelenkt, um Macht über Menschen zu erlangen oder die Gier einzelner nach Macht und Geld anzuheizen. Die Wissenschaft muß eine neue Richtung einschlagen, dem einzelnen dienen und jeden von uns freier dafür machen, seine Potentiale im Sinne eines größeren Allgemeinwohls zu erweitern.

Die auf diesen Seiten wiedergegebenen Forschungsansätze sollen zu diesem Prozeß beitragen. Die Wissenschaft und die neue Politik, die in Zukunft aus den synergetischen Effekten hervorgehen wird, beabsichtigt, unsere menschliche Erfahrung ein wenig zum Positiven hin zu verändern.

Während jener Woche in Sedona sprachen wir auch darüber, wie sich unsere Arbeit in den kommenden Jahren ausdehnen und verändern wird. Mit vorsichtigem Bemühen initiieren wir eine Bewegung, die dadurch, daß sie Wissen und Technik direkt zu den Menschen selbst bringt, jeden einzelnen stärken soll. An einer Stärkung der Macht von Regierungen, Politikern oder sonstigen Führern in der Industrie durch Monopolisierung von Wissen sind wir nicht interessiert. Alle Macht der Regierung stammt von den Menschen. Alle Macht in der Wirtschaft stammt von den Verbrauchern. Alle Macht in der Religion stammt aus der Aktion unseres freien Willens, die universale Macht des Geistes anzuerkennen.

* * *

Bei der derzeitigen Arbeit der Flanagans gilt ihre höchste Priorität der weiteren Erforschung der positiven Eigenschaften von molekular verändertem Wasser. Ihre Wasserforschung hat zur Entwicklung von Produkten geführt, die für die menschliche Gesundheit überaus förderlich sind. Diese Technologien sind sehr wichtig, da unsere industrialisierte Welt natürliche Gesundheit immer mehr durch den Technikwahn komplexer Innovation ersetzt, die die Menschheit zunehmend einer natürlichen Umgebung entfremdet. Dadurch, daß die Menschen auf Distanz zur Natur gehalten werden, wurde eine künstliche, trügerische Abhängigkeit von den Dingen geschaffen, ohne die wir nicht mehr überleben zu können glauben. Wir sind zu ewigen Konsumenten geworden, indem wir die Verkaufsmaschen der Geschäftswelt akzeptiert und dadurch viel eigenes Potential geopfert haben. Die Folge ist ein unerhörtes Maß an Streß, das zu Gewalt, Krankheit und Instabilität führt. Diese Instabilität wirkt sich negativ auf den einzelnen aus, auf die Familie, die Gemeinschaft und schließlich auf den ganzen Planeten.

Patrick und Gael Flanagan gehören zu den Menschen, die ihre Aufgabe darin sehen, unsere Sichtweise von den Einsatzmöglichkeiten des menschlichen Potentials zu verändern, von einem Zustand des Sektierertums und der Destruktion hin zu einem des konstruktiven und friedlichen Zusammenlebens. Wir sind hier, um kreativen Ausdruck in allem zu finden, was wir tun – indem wir etwas produktiv aufbauen, ohne das zu zerstören, das ein Teil dessen ist, was wir selbst sind. Die Idee, daß wir unser kreatives Potential bei allem, was wir tun, verwirklichen können, bestimmt unser Sein ganz wesentlich. Auf diesem Planeten ist jeder Mensch ein Schöpfer, gemeinsam mit allen anderen, und jeder hat eine Aufgabe.

Viele Menschen erkennen ihre eigenen kreativen Fähigkeiten nicht, obwohl sie doch einem jeden von uns innewohnt. Wir alle besitzen einen Lebensfunken, der sich in dem manifestiert, was wir tun, was wir sind und wohin wir uns bewegen. Jede unserer Handlungen ist ein äußerer Ausdruck davon, wer wir sind. Aber wir sind noch viel mehr als die Summe unserer Handlungen, mehr als die Summe all unserer Erfahrungen. Wir sind Quellen der Energie, und jeder einzelne besitzt das Potential, Großes zu schaffen. Manch einer wird sagen: „Aber, aber, aber, ich habe nicht das Zeug dazu, nicht das richtige Gehirn, nicht das richtige Was-auch-immer ...." Über die Macht, die wir sind, verfügen wir jetzt – in eben diesem Moment. In diesem Augenblick gebieten wir über die all unsere Vorstellungen übersteigende Macht der menschlichen Kreativität. Die Macht, neue Bahnen einzuschlagen, die Macht, unser Denken auf neue Wege zu bringen, und die Macht, auf ein anderes Programm unsers Lebensdramas umzuschalten. Wozu werden Sie sich entscheiden?

Der Philosophie der Flanagans zufolge kann die Technik den höheren Zielen der Menschheit dienen, ohne den Planeten zu zerstückeln und zu vernichten oder trennende Gräben zwischen den Menschen auszuheben. Keine Technik darf die Freiheit des anderen verletzen, sondern sie muß diese Freiheit mehren, indem sie uns bessere Möglichkeiten gibt, uns auf konstruktive Weise auszudrücken.

Die erwähnten Erfindungen bieten uns allen vielversprechende Möglichkeiten zur Verbesserung unserer Lebensqualität und unserer Gesundheit. Neurophon, Mikrocluster, Luftionisator und die vielen anderen Ideen der Flanagans bieten uns großen Nutzen. In diesem Buch haben wir nur ein paar der interessanteren von Flanagans Ideen erwähnt, die auch für den Laien verständlich und nachvollziehbar sind. Mehr wird in zukünftigen Ausgaben von *Earthpulse Flashpoints*[1] und anderen Veröffentlichungen von Earthpulse Press zu erfahren sein.

Das Neurophon ist ein Werkzeug, das Menschen die Chance eröffnet, über einen alternativen Kanal Informationen aufzunehmen. Mit demselben Werkzeug können sie den Fluß von Informationen ins Gehirn so steuern, daß sich ihre Fähigkeit verbessert, große Informationsmengen aufzunehmen. In Zukunft könnte es sich auch als eine neue Art von Schnittstelle für die Kommunikation zwischen Mensch und Computer erweisen.[2] Solch eine Erweiterung der Fähigkeit, Wissen aufzunehmen, wird zu mehr positiven Veränderungen in unserer Welt führen.

Die weltweite Übermittlung und Anhäufung von Wissen hat schon längst den Punkt überschritten, ab dem es noch von einer einzelnen Person aufgenommen werden könnte. Diese Beschleunigung hat die meisten Menschen dazu veranlaßt, sich auf zunehmend engere Wissensbereiche zu spezialisieren. Und diese Überspezialisierung hat zu einer Situation geführt, in der einige der besten Köpfe kaum die Chance haben, neues Wissen interdisziplinär einzubringen. Das Neurophon ermöglicht eine beschleunigte Aufnahme von Wissen auf vielen Gebieten. Es wird dem neuen Wissenschaftler, dem neuen Politiker und dem neuen Denken nützen, die lösungsorientiert sind und die Notwendigkeit erkennen, in einer zunehmend komplexeren Welt in Frieden miteinander zu existieren.

Durch den Einsatz einiger der von Flanagan entwickelten Techniken wird ein Beitrag zur allgemeinen Verbesserung der Lebensqualität geleistet. Die Arbeit daran ist noch keineswegs abgeschlossen. Im Labor der Flanagans wird bereits an weiteren Verbesserungen gearbeitet.

In diesem Buch wurde über Veränderung, über neue Ansätze und die Stärkung des einzelnen berichtet. Wir freuen uns auf die zukünftigen Möglichkeiten, für die wir Wege zu ebnen versuchen, auf denen wir uns dann in den kommenden Jahren weiterbewegen werden. Wir wissen, wir sind nicht allein aufgebrochen, und wir werden auf unserem Weg anderen begegnen. Wir können die Welt ändern, doch zunächst müssen wir beginnen, uns selbst zu ändern.

Eine weitere Absicht dieses Buches war es, anhand der Erfindungen Patrick Flanagans über den Wandel in der Wissenschaft zu informieren – ein Wandel, der Teil eines andauernden Prozesses ist. Einige Dinge, die unsere Ahnen vor langer Zeit entdeckten, haben sich bis heute bewährt, andere wurden aus politischen oder industriellen Interessen unterdrückt, wieder andere sind dem Wissensfortschritt zum Opfer gefallen. „Wissenschaft ist für uns alle da“, sagte Reijo Mäkelä, und ich stimme ihm voll und ganz zu. Der Wissensfortschritt und die Bereitschaft, alte Ideen aufzugeben, wenn neue Fakten gegen sie sprechen, bilden die Essenz der neuen Alchemie.

Für jeden einzelnen von uns ist es an der Zeit, zu seinem größeren Potenial zu erwachen, indem er danach trachtet, etwas Positives für unsere Gemeinschaft und die Welt zu tun. Wir leben in einer Phase des Suchens, des Fragens und Erwachens. Und diese Phase kann nur zu einem grundlegenden Wandel führen.

Weitere Informationen zu den Themen und Produkten dieses Buches erhalten Sie bei

earthpulse products & consulting
Sabine Fechner & Robert Thiedemann
Postfach 200709 ☯ 80007 München
Tel.: 089-524704 ☯ Fax: 5232917

Dort bekommen Sie auch das Neurophon, Crystal Energy, Hemi-Sync vom Monroe-Institut sowie weitere im Buch genannte Produkte.

Wenn Sie Nick Begich oder Patrick Flanagan schreiben wollen, leiten wir Ihre Nachricht gerne weiter.

Patrick Flanagan gibt auch Seminare im deutschsprachigen Raum über die Themen dieses Buches und seine aktuellen Forschungen.

Ausführliche und ständig aktualisierte Informationen erhalten Sie auch über unsere Internet-Seite:

http://www.neurotools.com

Anmerkungen

Kapitel 1

1 Jährliches Bankett anläßlich der Verleihung der Goldmedaille der Academy of Achievement, Programmführer, 29. Dezember 1962

2 „Achievement Honorees Feted Before Big Salute“ (Festliche Bewirtung der Würdenträger des Achievement-Preises vor der großen Auszeichnung), *Evening Tribune*, San Diego, CA, 28. Dez. 1962

3 „Electronics: Boy's Missile Detector Wins Science Fair“ (Elektronik: Raketendetektor eines Jungen gewinnt Preis auf Wissenschaftsmesse), *Houston Post*, Houston, TX, 16. Okt. 1959

4 „8th Grader Scores. Boy's Missile Finder Attracts Corporation“ (Volltreffer eines Achtklässlers. Raketendetektor eines Jungen erweckt Firmeninteresse) von Ron Moskowitz, *Houston Post*, Apr. 1962

5 ebd.

Kapitel 2

1 "The Skin, Our Fifth Sense“ (Die Haut, unser fünfter Sinn), *Explore More Magazine*, März/Apr. 1996

2 ebd.

3 Michael Hutchison, *Megabrain. Geist und Maschine*, Basel, 1994.

4 „Whiz Kid, Hands Down“ (dt. etwa: Phänomenales Wunderkind), William Moeser, *Life Magazine*, New York, NY, 14. Sept. 1962, S. 69-72

5 Gillis Patrick Flanagan, U.S.-Patent Nummer 3.393.279, erteilt am 16. Juli 1968

6 Bericht der Untersuchungskommission für CIA-Aktivitäten innerhalb der Vereinigten Staaten an den Präsidenten, Druckerei der U.S.-Regierung, Inventarnummer 041-015-00074-8, veröffentlicht im Juni 1995

7 ebd.

8 Eldon Taylor, *Die Subliminalmethode – Lernen mit dem Unterbewußtsein*, München, 1990

9 Sheila Ostrander und Lynn Schroeder, *Super-Memory. Der Weg zum optimalen Gedächtnis*, Bern, München, 1992, S. 75

10 U.S.-Patent Nummer 3.647.970

11 ebd.

12 Spätere Tests zeigten, daß der Schall auch über die Haut und über Körperflüssigkeiten weitergeleitet wird.

13 *The Mongolian Gerbil in Brain Behaviour Evolution* (Die Mongolische Sandratte in der Evolution des Gehirnverhaltens) 34, 1989, S. 193-200

14 Sheila Ostrander und Lynn Schroeder, *PSI – Die wissenschaftliche Erforschung und praktische Nutzung übersinnlicher Kräfte des Geistes und der Seele im Ostblock*, Bern, München, 1970, S. 160

15 ebd., S. 155-168

16 Hemi-Sync steht für den Prozeß der Hemisphären-Synchronisation und ist ein eingetragenes Warenzeichen des Monroe-Institutes, Faber, Virginia, USA. In über 30 Jahren Forschungs- und Entwicklungsarbeit entstand eine extrem wirkungsvolle Klangtechnologie, mit der man mittels handelsüblicher Tonkassetten oder CDs jeden beliebigen Bewußtseinszustand – bis hin zur außerkörperlichen Erfahrung – erreichen kann. 1995 wurde ein Kassettenprogramm herausgebracht, mit dem man kontrolliert und sicher Bereiche jenseits der Nahtoderfahrung erforschen kann.

17 Sharon Begley, „Your Child's Brain" (Das Gehirn Ihres Kindes), *Newsweek*, 19. Feb. 1996, S. 55-62

18 ebd.

19 „The Skin, Our Fifth Sense" a.a.O.

20 Ferchim, P. A., Eterovic, V. A., „Four Hours of Enriched Experience Are Sufficient to Increase Cortical Weight of Rats" (Vier Stunden erweiterter Erfahrungen genügen, um die Gehirnmasse von Ratten zu vergrößern), Society for Neuroscience Abstracts, 6: 857

21 Hutchison Michael, *Megabrain. Geist und Maschine*, a.a.O.

22 Sharon Begley, „Your Child's Brain", a.a.O., S. 55-62

Kapitel 3

1 Das österreichische Akustikunternehmen AKG führte Anfang der neunziger Jahre aufwendige Experimente im Weltraum durch, wobei es von einem derartigen Klangkodierungssystem Gebrauch machte. Für Astronauten kann es während eines „Weltraumspaziergangs" aus Gründen der Orientierung lebenswichtig sein, über Funk empfangene Nachrichten als aus der Richtung kommend wahrzunehmen, in der sich das Raumschiff tatsächlich befindet.

Kapitel 4

1 Robert Lawlor, *Sacred Geometry* (Heilige Geometrie), London, 1982

2 Patrick Flanagan, „How to Triple Your Energy" (Wie man seine Energie verdreifacht), Zusammenfassung eines Seminars aus dem Jahre 1981

Kapitel 5

1 Dr. Reijo Mäkelä, *Life and Death = Wave Propagation* (Leben und Tod = Wellenausbreitung), Brisbane, Australien, 1978, S. 55-57

2 ebd.

3 ebd.

4 Gillis Patrick Flanagan, „The Pyramid and Its Relationship to Biocosmic Energy", (Die Pyramide und ihre Beziehung zu Biokosmischer Energie), auszugsweiser Vorabdruck einzelner Passagen aus dem 1973 erschienenen Buch *Pyramid Power*, Glendale, CA, 1972

5 Ostrander / Schroeder, *PSI,* a.a.O., S. 181-192

6 Gillis Patrick Flanagan, „The Pyramid and Its Relationship to Biocosmic Energy", a.a.O.

7 ebd.

8 Marco Bischof, *Biophotonen. Das Licht in unseren Zellen*, Frankfurt, 1995, S. 97 ff

9 Einem gewissen Professor Guido Cremonese gelang es 1930 sogar, die mitogenetische Strahlung zu fotografieren. Er veröffentlichte die Aufnahmen in einer Forschungsarbeit mit dem Titel „I Raggi della vita fotografati" (Die Lebensstrahlen fotografiert).

10 Patrick Flanagan, *Pyramid Power* (Pyramidenenergie), Glendale, CA, 1973.

11 „Der Himmel reißt auf – Fazit industrieller Zivilisation: Erdmagnetfeldschwund", *Trendwende* Nr. 34/1987, S. 1-10 „Durch Zerstörung der (Ur-) Wälder und des Planktons im Meer nimmt das Magnetfeld der Erde ab. Seit 1500 hat das Magnetfeld der Erde um über 50% abgenommmen. Dies stärkt die GAIA-Hypothese". (…) „Pflanzen sind elektrische Leiter, deren Stromfluß die ionisationsbedingte Spannung zwischen Atmosphäre und Boden abbaut. Jeder stromdurchflossene Leiter aber baut ein Magnetfeld auf. Die gigantische Menge gleich-, zum Licht hin gerichteter pflanzlicher Leiter – vor allem in den alten Wäldern, vor allem in den Planktonfeldern, gibt den für das Erdmagnetfeld notwendigen elektrischen Strömen, die durch die Erde fließen, erst die notwendige, die ausschlaggebende Intensität."

12 Dr. A. S. Pressman, *Electromagnetic Fields and Life* (Elektromagnetische Felder und das Leben), New York, 1970

13 Robert O. Becker, *Heilkraft und Gefahren der Elektrizität. Die Chance der Energiemedizin und die Gefahren des Elektrosmog*, München, 1993.

14 Magnetfeldgenerator – Erfinder: W. Bangert und Dipl. Ing. Dr. rer. nat. Wolfgang Ludwig; Offenlegungsschrift DE 30 45 394 A1, Anmeldetag: 02.12.1980

15 Myron Sharaf, *Wilhelm Reich. Der heilige Zorn des Lebendigen. Die Biografie*, Berlin, 1994

16 Ostrander/Schroeder, *PSI,* a.a.O., S. 309 f

17 Robert Lawlor, *Sacred Geometry* (Heilige Geometrie), London, 1982.

18 Ronald Russel, *Using The Whole Brain* (Das gesamte Gehirn nutzen), Norfolk, VA, 1993

19 Ostrander / Schroeder, *PSI*, a.a.O., S. 309 ff

20 Vorrichtung zur Aufrechterhaltung der Schärfe von Rasierklingen und Rasiermessern, Tschechoslowakei, Prag, Patent Nr. 91304; Erfinder Karel Drbal, Anmeldetermin 1949, Patenterteilung 1959

21 Zu ähnlichen Ergebnissen kam auch der Lügendetektor-Experte Cleve Backster, wie in *Das geheime Leben der Pflanzen* (Frankfurt, 1977) von Peter Tompkins und Christopher Bird beschrieben wurde.

22 *Sensor* ist ein eingetragenes Warenzeichen und Eigentum der Firma Flanagan Technologies and Vortex Industries.

23 Die Phi-Strahlen-Figur ist ein eingetragenes Warenzeichen und Eigentum der Firma Flanagan Technologies and Vortex Industries.

Kapitel 6

1 *The Inside Story, A Guide to Indoor Air Quality* (Inside Story, Ein Leitfaden zur Qualität der Innenraumluft), Broschüre der Umweltschutzbehörde, U.S. Government Printing Office, Washington, D.C.

2 Nikola Tesla hatte den Wechselstrom und seine Hauptanwendungsbereiche Ende der achtziger Jahre des 19. Jahrhunderts entdeckt und damit schließlich die damals vorherrschende Gleichstromtechnik abgelöst. Seine Ideen, die wir heute immer noch nutzen, betreffen alle Aspekte des gesamten Systems zur Stromerzeugung, -übertragung und -verteilung. Andere Bereiche seiner Arbeit bleiben weiterhin höchst umstritten, während viele Forscher sich mit seinen Ideen und Techniken beschäftigen. Er entwickelte auch die Tesla-Spule, die in zahlreichen Elektroexperimenten verwendet wird.

3 Gespräch mit Reijo Mäkelä 1994 in Finnland über die gesundheitlichen Auswirkungen von elektromagnetischer Strahlung und die konstruktionsbedingten negativen Wirkungen von Saunen auf die Gesundheit.

4 Seasonal Affective Disorder, (Jahreszeitlich bedingte Unausgeglichenheit); populärer deutscher Begriff: Winterdepression

5 Es handelt sich dabei um ein nichtelektrisches Energiefeld. Um die Bedeutung dieses Sachverhaltes zu verstehen, müssen wir unsere Auffassung von nichtleitfähigen Materialien ändern – solchen Stoffen, die keinen Fluß von elektrischem Strom durch sie hindurch zulassen. Maxwell und andere hatten nachgewiesen, daß elektrische Energie in Nichtleitern wie Glas gespeichert werden kann, genauso wie magnetische Energie sich im Eisen eines Magneten speichern läßt. In seiner Erfindung nutzte Flanagan die Eigenschaft nichtleitender Stoffe, um Energiefelder zu absorbieren und festzuhalten. Inzwischen gibt es sogar eine neue Batteriegeneration, bei der eine Kunststoffolie als Energiespeicher eingesetzt wird.

6 Electron Cascade Generator ist ein eingetragenes Warenzeichen und Eigentum der Flanagan Technologies and Vortex Industries.

Kapitel 7

1 Crystal Energy ist ein eingetragenes Warenzeichen und Eigentum der Flanagan Tcchnologies and Vortex Industries.

2 Peter Tompkins u. Christopher Bird, *Die Geheimnisse der guten Erde*, München, 1989, S.122 ff

3 Mit einem neuartigen Meßgerät, Exahertmultimeter genannt, gelang es einem süddeutschen Entwickler erstmals, direkt Strahlungen von Erdverwerfungen und anderen Erdstrahlen im Exahertzbereich (10^{21} Hz) zu messen. Bei den Messungen kommen sowohl mechanische als auch Plasma-Antennen zum Einsatz. Die Methode eignet sich nicht nur, um Erdstrahlen meßtechnisch nachzuweisen, sondern auch, um die Wirksamkeit von Entstörmaßnahmen zu überprüfen.

4 Wilfried Hacheney: *Wasser. Ein Gast der Erde*, Andechs, 1992

5 Tompkins / Bird, *Die Geheimnisse der guten Erde*, a.a.O., S. 122 ff.

6 Patrick und Gael Crystal Flanagan: „Flanagan Microcluster Coloids and Negative Entropy" (Flanagan-Mikrocluster-Kolloide und negative Entropie), *Four Corners Magazine*, Sedona, AZ, 1994

7 ebd.

8 Transportform von Nahrungsfetten (Lipoproteide) in der Lymphe und im Blut. Die Granula sind 800-200 nm bis 1 microm groß und vorwiegend im Bereich der Darmzotten, in den Epithelzellen und Gefäßen sowie in der Leber zu finden. Sie geben die Triglyceride mit freien Fettsäuren aus den Kapillaren in die Gewebe ab. Der Abbau der Chylomikronen beginnt extrahepatisch durch die Lipoproteinlipase (Spaltung der in ihnen enthaltenen Triglyceride) und wird in der Leber fortgesetzt. Zetkin-Schaldach, *Wörterbuch der Medizin, Zahnheilkunde und Grenzgebiete*, hrsg. von Heinz David, Band 1., völlig neubearbeitet und erweiterte Auflage, München, 1985

9 Dr. E.M. Carlisle von der Universität von Kalifornien berichtete in „Trace Elements in the Food of Humans and Animals" (Spurenelemente in der Ernährung von Mensch und Tier), daß Silikate „von den funktionsfähigen Darmschleimhäuten aufgenommen, durch das Lymph- und das Kreislaufsystem weiterbefördert werden und anderes Gewebe erreichen, das vom arteriellen Blut über die Alveolarregion der Lungen versorgt wird."

10 Lane Masterson, „Dr. Gael Crystal und Dr. Patrick Flanagan, Putting the 'Physics' Back in Metaphysics" (Dr. Gael Crystal Flanagan und Dr. Patrick Flanagan führen die 'Physik' wieder in die Metaphysik zurück), *Earthstar*, Band XIV, Nr. 88, Temple, NH, Okt./Nov. 1992

11 ebd.

12 Lane Masterson, „Dr. Gael Crystal und Dr. Patrick Flanagan, Putting the 'Physics' Back in Metaphysics“, a.a.O.

13 ebd.

Kapitel 8

1 HAARP steht für High-frequency Active Auroral Research Project. Es ist ein militärisches Projekt, um ein System zur Manipulation der Ionosphäre zu entwickeln – jener Schicht, die sich in einer Höhe von 50 bis 1.000 Kilometern über der Erdoberfläche befindet. Man kann dieses System am besten als ein am Boden stationiertes Star-Wars-System beschreiben, das enorme biologische und Umweltrisiken in sich birgt. In dem Buch *Löcher im Himmel* (Frankfurt, 1996) wird diese Anlage ausführlich beschrieben.

Schlußbetrachtung

1 Die deutsche Ausgabe ist erhältlich bei *Earthpulse Deutschland*, Postfach 200 709, D-80007 München.

2 G. Harry Stine, „The Bionic Brain; Half protoplasm, half circuitry, it's due sooner than we think“ (Das bionische Gehirn; halb Protoplasma, halb Schaltkreis, es kommt eher, als wir denken), *Omni Magazine*, New York, NY, Datum unbekannt, S. 84-86 u. 121-122.

Bibliographie

Bangert., W und Ludwig, Wolfgbang, Dipl.-Ing. Dr. rer. nat.: „Magnetfeldgenerator“, Offenlegungsschrift DE 3045394 A1, München, Anmeldung am 2. Dezember 1980

Becker, Robert O.: *Heilkraft und Gefahren der Elektrizität. Die Chance der Energiemedizin und die Gefahren des Elektrosmog*, München, 1993

Begich, Nick und Manning, Jeane: *Löcher im Himmel. Der geheime Ökokrieg mit dem Ionosphärenheizer HAARP*, Frankfurt, 1996

Begley, Sharon: „Your Child's Brain“ (Das Gehirn Ihres Kindes), *Newsweek*, New York, NY, 19. Februar 1996

Bischof, Marco: *Biophotonen. Das Licht in unseren Zellen*, Frankfurt, 1995

Carlisle, E.M. Dr.: „Trace Elements in the Food of Humans and Animals“ (Spurenelemente in der Ernährung von Mensch und Tier), Dat. u. Ort unbek.

Deal, Sheldon Dr.: „Meridian Balancing by Use of the Neurophone“ (Ausgleichen der Meridiane durch das Neurophon), privat veröffentlichter Aufsatz, Phoenix, AZ, 1982

Drbal, Karel: „Vorrichtung zur Aufrechterhaltung oder Schärfe von Rasierklingen und Rasiermesser“, Patent Nr. 91304, Prag, Anmeldetermin 1949, Patenterteilung 1959

Houston Post: „Electronics: Boy's Missile Detector Wins Science Fair“ (Elektronik: Raketendetektor eines Jungen gewinnt Preis auf Wissenschaftsmesse), Houston, TX, 16. Oktober 1959

Evening Tribune: „Achievement Honorees Feted Before Big Salute“ (Festliche Bewirtung der Würdenträger des Achievement-Preises vor der großen Auszeichnung), San Diego, CA, 28. Dezember 1962

Explore More Magazine: „The Skin, Our Fith Sense“ (Die Haut, unser fünfter Sinn), Mt. Vernon, WA, März/April 1996

Ferchim, P. A., Eterovic, V. A.: „Four Hours of Enriched Experience Are Sufficient to Increase Cortical Weight of Rat*s* “ (Vier Stunden erweiterter Erfahrungen genügen, um die Gehirnmasse von Ratten zu vergrößern), Society for Neuroscience Abstracts, 6: 857

Flanagan, Gillis Patrick und Gael Crystal: „Flanagan Microcluster Coloids and Negative Entropy“ (Flanagan-Mikrocluster-Kolloide und negative Entropie), *Four Corners Magazine*, Sedona, AZ, 1994

Flanagan, Gillis Patrick und Gael Crystal: *Elixier der Jugendlichkeit*, Ritterhude, 1992

Flanagan, Gillis Patrick: „How to Triple Your Energy“ (Wie man seine Energie verdreifacht), Zusammenfassung eines Seminars aus dem Jahre 1981

Flanagan, Gillis Patrick: *Pyramid Power* (Pyramidenenergie), Anchorage, AC, 1997 (Erstveröffentlichung 1973)

Flanagan, Gillis Patrick: „The Pyramid and Its Relationship to Biocosmic Energy“ (Die Pyramide und ihre Beziehung zu biokosmischer Energie), auszugsweiser Vorabdruck einzelner Passagen aus dem 1973 erschienenen Buch *Pyramid Power*, Glendale, CA, 1972

Flanagan, Gillis Patrick: U.S.-Patent Nr. 3.647.970, Washington, D.C., 7. März 1972

Flanagan, Gillis Patrick: U.S.-Patent Nr. 3.393.279, Washington, D.C., 16. Juli 1968

Hacheney, Wilfried: *Wasser. Ein Gast der Erde*, Andechs, 1992

Hutchison, Michael: *Megabrain. Geist und Maschine*, Basel, 1994

Kaivarainen, Alexander Dr.: *Hierarchic Concepts of Matter and Fields: Water, Biosystems & Elementary Particles* (Hierarchisches Konzept von Materie und Feldern: Wasser, Biosysteme & Elementarteilchen), Anchorage, AK, 1997

Lawlor, Robert: *Sacred Geometry* (Heilige Geometrie), London, 1982

Leaders in American Science: Stichwort Gillis Patrick Flanagan, Nashville, TN, Ausgabe 1962-63

Lenhardt, Martin Dr. et. al.: „Human Ultrasonic Speech Perception" (Ultraschall-Spracherkennung beim Menschen), *Science*, Cambridge, Mass., 5. Juli 1991

Mäkelä, Reijo Dr.: *Life and Death = Wave Propagation* (Leben und Tod = Wellenausbreitung), Brisbane, Australien, 1978

Mandel, Peter: *40 neue Therapien mit der Farbakupunktur*, Sulzbach, 1989

Masterson, Lane: „Drs. Gael Crystal and Patrick Flanagan, Putting the 'Physics' Back in Metaphysics" (Dr. Gael und Dr. Patrick Flanagan bringen die 'Physik' zurück zur Metaphysik), *Earthstar*, Band XIV, Nr. 88, Temple, NH, Oktober/November 1992

Moeser, William: „Whiz Kid, Hands Down" (dt. etwa: Phänomenales Wunderkind), *Life Magazine*, New York, NY, 14. September 1962

Monstein, Christian: „Ausbreitung des magnetischen Flusses im Stahlstab: Ein Hinweis auf Huber-Effekt und Kugellager-Motor“, in: *Deutsche Physik* 2 (6), S. 5-7 und in: *SAFE-News*, Dezember 1992, S. 46-50

Moskowitz, Ron: „8th Grader Scores; Boy's Missile Finder Attracts Corporation“ (Volltreffer eines Achtklässlers. Raketendetektor eines Jungen erweckt Firmeninteresse), *Houston Post*, Houston, TX, April 1962

Ostrander, Sheila, und Schroeder, Lynn: *SuperMemory. Der Weg zum Optimalen Gedächtnis*, Bern, München, Wien, 1992

Ostrander, Sheila, und Schroeder, Lynn: *PSI. Die Geheimformel für die wissenschaftliche Erforschung und praktische Nutzung übersinnlicher Kräfte des Geistes und der Seele*, Bern, München, Wien, 1971

Pressman, A.S. Dr.: *Electromagnetic Fields and Life* (Elektromagnetische Felder und das Leben), New York, NY, 1970

Russel, Ronald: *Using the Whole Brain* (Das gesamte Gehirn nutzen) Norfolk, VA, 1993

Shannon, Sarah: *Technologies Curse: Diet for the Atomic Age* (Fluch der Technik: Ernährung im Atomzeitalter), Anchorage, AK, 1997

Sharaf, Myron: *Wilhelm Reich. Der Heilige Zorn des Lebendigen. Die Biographie*, Berlin, 1994

Steiger, Brad: *Destined to Love* (Zur Liebe bestimmt), New York, NY, 1996

Stine, G. Harry: „The Bionic Brain; Half protoplasm, half circuitry, it's due sooner than we think“ (Das bionische Gehirn; Halb Protoplasma, halb Schaltkreis, es kommt eher, als wir denken), *Omni Magazine*, New York, NY, Datum unbekannt, S. 84-86 u. 121-122,

Stine, G. Harry: The Silicon Gods (Die Siliziumgötter), New York, NY

Szent-György, Albert: *The Living State* (Der Lebenszustand), London, 1978

Taylor, Eldon: *Die Subliminalmethode. Lernen mit dem Unterbewußtsein*, München, 1990

Tompkins, Peter, und Bird, Christopher: *Das Geheimnis der guten Erde*, Bern, München, Wien, 1989

Tompkins, Peter, und Bird, Christopher: *Das geheime Leben der Pflanzen*, Frankfurt, 1977

Trendwende: „Der Himmel reißt auf – Fazit industrieller Zivilisation: Erdmagnetfeldschwund", Solingen, Ausgabe Nr. 34/1987, S. 1-10

U.S.-Regierung: *The Inside Story, A Guide to Indoor Air Quality* (Die Inside-Story, Ein Führer zur Luftqualität in geschlossenen Räumen), Environmental Protection Agency Booklet, Washington, D.C., 1991

U.S.-Regierung: *Report to the President by the Commission on CIA Activities Within The United States* (Bericht der Untersuchungskomission für CIA-Aktivitäten innerhalb der Vereinigten Staaten an den Präsidenten), Aktennr. 041-015-00074-8, Washington, D.C., Juni 1975

Sach- und Personenregister

ISBN 3-930243-02-4

Jürgen Fischer

Der Engel-Energie-Akkumulator nach Wilhelm Reich

Mediale Gespräche mit dem Entdecker der Lebensenergie
Mit Bauanleitungen und praktischen Hinweisen

Jürgen Fischer ist mit dem 1957 in den USA gestorbenen Wilhelm Reich in medialen Kontakt getreten. Nach anfänglicher Skepsis überzeugten den Autor die fundierten und tiefgreifenden Inhalte sowie die menschenfreundliche emotionelle Präsenz seines Gegenübers davon, daß es sich dabei tatsächlich um den Begründer der Orgonomie - der „Wissenschaft des Lebendigen" - handelt. Wie Reich berichtet, arbeitet er in der jenseitigen Welt mit anderen verstorbenen Wissenschaftlern, Philosophen und Ärzten zusammen an der Weiterentwicklung seiner Erfindungen - u.a. mit Hildegard von Bingen, die sich ebenfalls während der Gespräche zu erkennen gab. Engelwesen unterstützen und begleiten diese Arbeit. Aus ihr ging u.a. der Engel-Energie-Akkumulator hervor, eine Modifizierung des Orgon-Energie-Akkumulators. Er ermöglicht den Kontakt mit der „Herzebene der höheren Engelwelt" und soll zu einer beschleunigten spirituellen Evolution der Menschen beitragen.

Jürgen Fischer schildert die bisherigen Erfahrungen mit dem neuen Engel-Energie-Akkumulator, gibt Anwendungshinweise und liefert eine detaillierte Bauanleitung. Er zieht interessante Vergleiche zwischen den veröffentlichten und medialen Aussagen Wilhelm Reichs und den neun Erkenntnissen aus dem bekannten Buch „Die Prophezeiungen von Celestine".

ISBN 3-930243-05-9

Ω

Omnec Onec
Ich kam von der Venus

3. überarbeitete Auflage

Die Autorin Omnec Onec kam 1955 als Kind in einem Raumschiff von der Venus zur Erde und wurde hier in einer irdischen Familie aufgezogen. In ihrer Autobiographie berichtet sie über die Geschichte, Philosophie und Kultur der Venusbewohner, die seit Jahrtausenden auf der Astralebene ihres Planeten leben.

Omnec erzählt von ihren ersten Lebensjahren dort, erklärt, warum und wie sie hierher kam und welche Aufgabe sie auf der Erde zu erfüllen hat.

Ein in seiner Art einzigartiges Dokument über die märchenhafte Welt des Astralen.

ISBN 3-930243-00-8

Omnec Onec
Handbuch venusischer Spiritualität

Omnec geht hier detaillierter auf die spirituellen Lehren der Venusbewohner ein, die auf der Astralebene ihres Planeten nach den „Gesetzen der Höchsten Gottheit" leben. Sie erklärt Funktion und Pflege der verschiedenen grob- und feinstofflichen Körper des Menschen und beschreibt die Technik der Seelenreise. Das Buch enthält ferner psychologische Übungen und Tests, Fastenvorschläge, Bewußtseinsprogramme, Meditationen und Mantras für die verschiedenen Dimensionen sowie nie zuvor veröffentlichte venusische Zeremonien und Rituale für verschiedene Anlässe. Außerdem kann der Leser erfahren, ob er vielleicht selbst ein Sternenkind ist.

ISBN 3-930243-06-7